Langenscheidt

Sag's auf Französisch

Die 1.000 Wörter, die man wirklich braucht

Langenscheidt

München · Wien

Herausgegeben von der Langenscheidt-Redaktion

Bearbeitet von Dr. Birgit Klausmann

www.langenscheidt.de

© 2015 Langenscheidt GmbH & Co.KG, München
Druck und Bindung: C. H. Beck, Nördlingen

ISBN 978-3-468-38543-8

Inhaltsverzeichnis

7 Vorwort

- 8 Lautschrift und Aussprache
- 14 Abkürzungen

15 Der Mensch

- 15 Angaben zur Person
- 17 Aussehen
- 19 Kleidung und Accessoires
- 21 Soziale Beziehungen
- 23 Wahrnehmungen und Gefühle
- 25 Meinungen und Urteile
- 27 Nationalitäten

31 Körper und Gesundheit

- 31 Körperteile
- 33 Körperpflege und Gesundheit
- 34 Medizinische Behandlung

37 Kommunikation

- 37 Verständigung und Verständigungsprobleme
- 38 Bitte, Dank und Entschuldigung
- 39 Kontaktaufnahme und Abschied
- 41 Zustimmung, Ablehnung und Aufforderung
- 44 Redewendungen und Small Talk
- 47 Presse, Radio, Fernsehen, Post
- 49 Telefon, Handy und Internet

51 Alltagsleben und Wohnen

- 51 Allgemeine Aktivitäten
- 54 Haus und Räumlichkeiten
- 57 Wohnung, Möbel und Ausstattung

Inhaltsverzeichnis

- 58 Alltagsgegenstände und -geräte
- 59 Eigenschaften und Farben

63 Arbeit und Freizeit

- 63 Schule und Bildung
- 65 Sprachen
- 66 Arbeit und Beruf
- 68 Feste und Feiertage
- 69 Freizeit und Sport
- 72 Urlaub und Reisen

75 Öffentliches Leben

- 75 Einkaufen
- 76 Geschäfte
- 77 Preise und Bezahlen
- 79 Gebäude und Sehenswürdigkeiten
- 81 Auf der Straße und zu Fuß
- 83 Flugzeug, Bahn und Nahverkehr
- 86 Öffentlicher und privater Service

88 Essen und Trinken

- 88 Nahrungsmittel und Obst
- 91 Getränke
- 93 Zu Tisch

96 Natur und Umwelt

- 96 Landschaften, Städte und Regionen
- 98 Tiere und Pflanzen
- 101 Wetter und Klima

103 Die Zeit

- 103 Jahreszeiten und Monate
- 105 Wochentage
- 107 Tageszeiten
- 108 Uhrzeiten
- 109 Weitere Zeitbegriffe

115 Der Raum

- 115 Räumliche Begriffe
- 119 Richtungen und Himmelsrichtungen

121 Menge, Maß und Gewicht

121 Grund- und Ordnungszahlen
125 Mengenbezeichnungen
127 Maße und Gewichte

128 Anhang

128 Personal- und Possessivpronomen
133 Interrogativ- und Demonstrativpronomen
134 Artikel und weitere Pronomen
137 Hilfs- und Modalverben
138 Weitere Strukturwörter

143 Register Deutsch – Französisch

151 Register Französisch – Deutsch

Vorwort

Wussten Sie, dass man mit den 1000 häufigsten Wörtern bereits 80 Prozent der Wörter von Alltagstexten kennt?

- Hier lernen Sie die Vokabeln, die Sie wirklich brauchen, um sich in den wichtigsten Alltagssituationen in der Fremdsprache verständigen zu können.
- Die Auswahl enthält die **häufigsten 1000 Wörter des Grundwortschatzes** und orientiert sich am **Niveau A1 des Europäischen Referenzrahmens**.
- Alle Wörter sind mit **Lautschrift, Anwendungsbeispiel und deutscher Übersetzung** aufgeführt. Die **Zuordnung zu Themengebieten** erleichtert die rasche Orientierung in der Fremdsprache. Ein **Register** ab Seite 143 ermöglicht zusätzlich das rasche Nachschlagen des gesuchten Begriffs.
- Die Beispielsätze stammen aus alltäglichen Kommunikationssituationen und Alltagstexten und erleichtern so das Training für die eigene Sprachpraxis.
- Hinweise zu Aussprache und Lautschrift finden Sie auf den Seiten 8–10.

Sag's auf Französisch bildet somit eine solide Grundlage für den Spracherwerb: Das Buch ist ideal zum Erwerb eines Grundwortschatzes und eignet sich ebenso zum Wiederholen und Festigen des Gelernten.

Lautschrift und Aussprache

Vokale, Halbvokale und Konsonanten

Phonetikzeichen	Beispielwörter	Wie wird ausgesprochen?
Vokale		
[a]	**a**mi [ami], b**a**lle [bal]	helles **a** wie in B**a**ll
[ɑ]	p**a**s [pɑ], p**â**te [pɑt]	dunkles **a** wie in B**a**hn
[ã]	d**an**s [dã], l**am**pe [lãp]	nasal gesprochenes **a**
[e]	aim**er** [ɛme], caf**é** [kafe], ch**ez** [ʃe]	geschlossenes **e** wie in S**ee**
[ɛ]	l**ai**t [lɛ], n**ei**ge [nɛʒ], m**è**re [mɛʀ], t**ê**te [tɛt]	offenes **e** wie in W**e**lt oder wie **ä** in h**ä**tte
[ɛ̃]	b**ain** [bɛ̃], pl**ein** [plɛ̃], v**in** [vɛ̃]	offenes, nasal gesprochenes **e**
[ə]	p**e**tit [p(ə)ti], qu**e** [kə]	sehr kurzes **ö** wie am Wortende in bitt**e**, oft kaum noch zu hören
[i]	**i**c**i** [isi], Tah**i**t**i** [taiti]	wie **i** in n**ie**
[o]	**eau** [o], h**ô**tel [otɛl], r**o**se [ʀoz],	geschlossenes **o** wie in B**oo**t
[ɔ]	d**o**nner [dɔne], f**o**rt [fɔʀ]	offenes **o** wie in M**o**rd
[õ]	c**om**bien [kõbjɛ̃], r**on**d [ʀõ]	nasal gesprochenes **o**

Lautschrift und Aussprache 9

Phonetikzeichen	Beispielwörter	Wie wird ausgesprochen?
[ø]	d**eu**x [dø], **Eu**rope [øʀɔp], p**eu** [pø]	geschlossenes **ö** wie in böse
[œ]	b**eu**rre [bœʀ], h**eu**re [œʀ], s**œu**r [sœʀ]	offenes **ö** wie in Hölle
[œ̃]	br**un** [bʀœ̃], parf**um** [paʀfœ̃]	nasales **ö**, oft wie ɛ̃ gesprochen
[u]	am**ou**r [amuʀ], r**ou**te [ʀut]	geschlossenes **u** wie in Mut
[y]	r**ue** [ʀy], s**u**d [syd]	geschlossenes **ü** wie in müde

Halbvokale

[j]	b**i**en [bjɛ̃], f**i**lle [fij], pa**y**er [peje]	wie deutsches **j** in **j**etzt oder wie **i** in E**i**er und Ha**i**
[w]	m**oi** [mwa], **ou**i [wi], v**oi**r [vwaʀ]	kurzes, gleitendes **u**, immer vor anderen Vokalen
[ɥ]	h**ui**t [ɥit], l**ui** [lɥi], n**ui**t [nɥi]	kurzes, gleitendes **ü**, immer vor anderen Vokalen

Konsonanten

[p]	a**pp**orter [apɔʀte], **p**omme [pɔm]	stimmloses **p**, aber ohne Behauchung
[t]	**t**erre [tɛʀ], **th**é [te], vi**t**e [vit]	stimmloses **t**, aber ohne Behauchung

Phonetikzeichen	Beispielwörter	Wie wird ausgesprochen?
[k]	café [kafe], qui [ki]	stimmloses k, aber ohne Behauchung
[b]	bain [bɛ̃], bon [bõ]	weiches b wie in geben
[d]	dans [dã], monde [mãd]	weiches d wie in müde
[g]	gare [gaʀ], guitare [gitaʀ]	weiches g wie in fliegen
[f]	neuf [nœf], photo [foto]	wie deutsches f
[v]	vent [vã], vous [vu]	wie deutsches w
[s]	son [sõ], tasse [tas], ces [se], glaçon [glasõ], nation [nasjõ]	stimmloses s wie in Wasser
[ʃ]	chou [ʃu], mâcher [maʃe]	wie sch in Scholle, Fisch
[z]	rose [ʀoz], zéro [zeʀo]	stimmhaftes s wie in Sonne
[ʒ]	jaune [ʒon], majeur [maʒœʀ], ranger [ʀãʒe], gilet [ʒilɛ]	stimmhaftes sch wie g in Etage
[l]	long [lõ], aller [ale]	wie deutsches l
[m]	mère [mɛʀ], comment [kɔmã]	wie deutsches m
[n]	nez [ne], année [ane]	wie deutsches n
[ɲ]	gagner [gaɲe], vigne [viɲ]	nj wie in Kampagne

Phonetikzeichen	Beispielwörter	Wie wird ausgesprochen?
[ŋ]	camping [kãpiŋ]	wie deutsches **ng** in Di**ng**
[ʀ]	**r**ouge [ʀuʒ]	wie deutsches im Rachen gesprochenes, aber kein gerolltes **r**

Betonung

In der französischen Lautschrift wird kein Betonungszeichen angegeben, weil die Betonung des einzelnen Worts der des ganzen Satzes oder Satzteils untergeordnet ist. Betont wird immer auf der allerletzten Silbe. Dabei zählt ein stummes **e** [ə] am Wortende nicht mit.

Bindung

In der französischen Aussprache sehr wichtig ist die *liaison*, d. h. die Aussprache eines sonst nicht gesprochenen Konsonanten am Wortende, wenn ein Vokal oder ein „stummes h" folgt. Gebundene Wörter müssen dem Sinn nach zusammengehören.

Unerlässliche Bindungen:

Artikel + Substantiv: *les‿amis*
Pronomen + Substantiv: *ces‿amis*
Zahlwort + Substantiv: *trois‿amis*
Adjektiv + Substantiv: *un grand‿hôtel*
Pronomen + Verb: *ils‿ont*

nach *c'est*: *c'est‿étonnant*
nach folgenden Präpositionen: *chez, dans, en, sans, sous*
nach folgenden Adverbien: *moins, plus, tout, très*

Unzulässig ist die liaison nach *et* und vor „*h aspiré*".

h muet und *h aspiré*

h wird im Französischen nie ausgesprochen. Trotzdem unterscheidet man zwei verschiedene **h**-Laute: „**h muet**" und „**h aspiré**".

h muet [aʃmyɛ] *(stummes h)*

Französische Wörter, die mit **h** anfangen, werden so ausgesprochen, als würde das Wort mit dem folgenden Vokal anfangen:

l'homme [lɔm]   *les hommes* [lezɔm]

h aspiré [aʃaspiʀe] *(behauchtes h)*

Auch ein „**h aspiré**" wird nicht gesprochen. In diesem Fall zählt es aber dennoch wie ein gesprochener Konsonant, d. h. es gibt keine Bindung und der Artikel **le, la** wird nicht apostrophiert:

le haricot [ləaʀiko]   *les haricots* [leaʀiko]
le hasard [ləazaʀ]   *à tout hasard* [atuazaʀ]

In der Schrift werden die beiden **h** nicht unterschieden.

Akzentsetzung

Die Akzente haben im Französischen die Funktion von Hinweisen für die Aussprache oder von Unterscheidungsmerkmalen.

accent aigu (**é**): z. B. ap**é**ritif; das **-e-** wird als geschlossenes **-e-** gesprochen
accent grave (**è**): z. B. m**è**re; das **-e-** wird als offenes **-e-** gesprochen
accent circonflexe (**ê**) oder (**ô**): z. B **ê**tre; das **-e-** wird als offenes **-e-** gesprochen; h**ô**tel: das **-o-** wird als geschlossenes **-o-** gesprochen.

Der **accent grave** wird außerdem als Unterscheidungsmerkmal bei *a* und *u* verwendet, z. B.

elle **a** (*sie hat*), **à** Paris (*in bzw. nach Paris*),
ou (*oder*), **où** (*wo bzw. wohin*)

Orthografische Zeichen

Die Cedille: Comment **ç**a va?

Die Cedille zeigt an, dass **c** vor a, o, u als stimmloses s gesprochen wird.

Der Bindestrich: Donnez**-**moi un plan, s'il vous plaît!

Der Bindestrich wird bei bestimmten Verbformen und auch zur Bildung zusammengesetzter Substantive gebraucht.

Das Trema: le ma**ï**s [ləmais] (deutsch: der Mais)

Das Trema zeigt die getrennte Aussprache zweier Vokale an.

Der Apostroph: Qu**'**est-ce que c**'**est?, l**'**ami

Der Apostroph ersetzt bestimmte Vokale vor Wörtern, die mit Vokal oder stummem h beginnen.

Abkürzungen

qc	quelque chose	v/aux	Hilfsverb
qn	quelqu'un	adj	Adjektiv
m	männlich	adv	Adverb
f	weiblich	art	Artikel
m/f	männlich und weiblich	conj	Konjunktion
sg	Singular	prep	Präposition
pl	Plural	pron	Pronomen
ugs	umgangssprachlich	nom	Nominativ
comp	Komparativ	gen	Genitiv
superlat	Superlativ	dat	Dativ
phrase	Zusammensetzung(en)	acc	Akkusativ
interj	Interjektion	inf	Infinitiv
inv	unveränderlich	ref	reflexiv
n	Nomen (Substantiv)	part	Partizip Perfekt
v	Verb	num	Grund- und Ordnungszahlen
v/ref	reflexives Verb		

DER MENSCH

Angaben zur Person

l'enfant [lɑ̃fɑ̃] *n m/f* > Nous avons trois **enfants**.	**das Kind** > Wir haben drei **Kinder**.
la femme [lafam] *n* > C'est une belle **femme**.	**die Frau** > Sie ist eine schöne **Frau**.
la fille [lafij] *n* > Dans sa classe, il y a huit **filles** et douze garçons.	**das Mädchen** > In ihrer Klasse sind acht **Mädchen** und zwölf Jungen.
le garçon [ləgaʀsɔ̃] *n* > Les **garçons** jouent au football avec les filles.	**der Junge** > Die **Jungen** spielen mit den Mädchen Fußball.
l'homme [ɔm] *n m* > C'est un **homme** très gentil. > Les **hommes** sont bons.	**der Mann, der Mensch** > Er ist ein sehr freundlicher **Mann**. > Die **Menschen** sind gut.
la personne [lapɛʀsɔn] *n* > Nous avons une voiture pour cinq **personnes**.	**die Person** > Wir haben ein Auto für fünf **Personen**.
l'adresse [ladʀɛs] *n f* > Donnez-nous votre **adresse** !	**die Adresse, die Anschrift** > Geben Sie uns Ihre **Adresse**!

l'âge [lɑʒ] *n m*
> Elle est grande pour son **âge**.

das Alter
> Sie ist groß für ihr **Alter**.

s'appeler [sap(ə)le] *v/ref*
> Bonjour, je m'**appelle** Albert Lecomte.

heißen
> Guten Tag, ich **heiße** Albert Lecomte.

la carte d'identité [lakaʀtidɑ̃tite] *n*
> Vous avez votre **carte d'identité** ?

der Personalausweis

> Haben Sie Ihren **Personalausweis**?

le nom [lənõ] *n*
> Son **nom**, c'est madame Dubois.

der Name
> Ihr **Name** ist Frau Dubois.

le prénom [ləpʀenõ] *n*
> Son mari et elle ont le **prénom** Dominique.

der Vorname
> Ihr Mann und sie haben den **Vornamen** Dominique.

Aussehen

âgé, âgée [aʒe] *adj*
- Ma mère est déjà assez **âgée**, mais elle fait quand même ce long voyage.

alt Person
- Meine Mutter ist schon ziemlich **alt**, aber trotzdem unternimmt sie noch diese lange Reise.

---

beau, bel, belle, beaux, belles [bo, bɛl, bɛl, bo, bɛl] *adj*
- C'est un **bel** enfant.

schön
- Das ist ein **schönes** Kind.

TIPP Vor männlichen Substantiven mit Vokal oder stummem h am Anfang steht *bel*.

---

blond, blonde [blõ, blõd] *adj*
- Il a les cheveux **blonds**.

blond
- Er hat **blonde** Haare.

---

fort, forte [fɔʀ, fɔʀt] *adj*
- Regarde comme elle est **forte** !

kräftig
- Schau, wie **kräftig** sie ist!

---

grand, grande [gʀɑ̃, gʀɑ̃d] *adj*
- Elle est **grande**, votre fille.

groß
- Ihre Tochter ist **groß**.

---

gros, grosse [gʀo, gʀos] *adj*
- Cet homme est très **gros**.

dick
- Dieser Mann ist sehr **dick**.

---

jeune [ʒœn] *adj m/f*
- C'est encore une **jeune** fille.

jung
- Das ist noch ein **junges** Mädchen.

---

joli, jolie [ʒɔli] *adj*
- C'est une **jolie** femme.

hübsch
- Das ist eine **hübsche** Frau.

maigre [mɛgʀ] *adj m/f*	**mager**
▸ Cet enfant est beaucoup trop **maigre**.	▸ Dieses Kind ist viel zu **mager**.
mince [mɛ̃s] *adj m/f*	**schlank**
▸ Jeanne est encore très **mince**.	▸ Jeanne ist noch sehr **schlank**.
moche [mɔʃ] *adj m/f ugs*	**hässlich**
▸ Sa femme est vraiment **moche**.	▸ Seine Frau ist wirklich **hässlich**.
petit, petite [p(ə)ti, p(ə)tit] *adj*	**klein**
▸ Elle est **petite** et a des cheveux bruns.	▸ Sie ist **klein** und hat braune Haare.
vieux, vieil, vieille, vieux, vieilles [vjø, vjɛj, vjɛj, vjø, vjɛj] *adj*	**alt**
▸ Il est vraiment **vieux**.	▸ Er ist wirklich **alt**.

TIPP Vor männlichen Substantiven mit Vokal oder stummem h am Anfang steht *vieil*.

avoir l'air [avwaʀlɛʀ] *phrase + adj*	**aussehen**
▸ Tu **as l'air** triste. Qu'est-ce qui ne va pas ?	▸ Du **siehst** traurig **aus**. Was stimmt nicht?
avoir bonne mine [avwaʀbɔnmin] *phrase*	**gut aussehen**
▸ Depuis qu'il est allé au ski, Pierre **a bonne mine**.	▸ Seitdem er Ski fahren war, **sieht** Pierre **gut aus**.
ressembler [ʀ(ə)sɑ̃ble] *v*	**ähneln, ähnlich sein**
▸ Il **ressemble** beaucoup à sa mère.	▸ Er **ist** seiner Mutter sehr **ähnlich**.

Kleidung und Accessoires

le chapeau [ləʃapo] *n*, *pl chapeaux* — **der Hut**
- J'ai oublié mon **chapeau** au restaurant.
- Ich habe meinen **Hut** im Restaurant vergessen.

la chaussette [laʃosɛt] *n* — **die Socke**
- Il porte des **chaussettes** de sport blanches pour jouer au foot.
- Zum Fußballspielen trägt er weiße Sport**socken**.

la chaussure [laʃosyʀ] *n* — **der Schuh**
- Où sont mes **chaussures** de sport ? – Tes **chaussures** sont sous ton lit !
- Wo sind meine Sport**schuhe** ? – Deine **Schuhe** sind unter deinem Bett!

la chemise [laʃ(ə)miz] *n* — **das Hemd**
- Il s'est acheté trois **chemises** pour le travail.
- Er hat sich für die Arbeit drei **Hemden** gekauft.

la jupe [laʒyp] *n* — **der Rock**
- Elle porte une longue **jupe** noire.
- Sie trägt einen langen schwarzen **Rock**.

le manteau [ləmɑ̃to] *n*, *pl manteaux* — **der Mantel**
- Il m'a offert un **manteau** en cuir noir pour mon anniversaire.
- Zum Geburtstag hat er mir einen schwarzen Leder**mantel** geschenkt.

le pantalon [ləpɑ̃talɔ̃] *n* — **die Hose**
- Elle a un **pantalon** gris.
- Sie hat eine graue **Hose**.

le pullover [ləpylɔvɛʀ] *n* — **der Pulli, der Pullover**
- Ce **pullover** est un peu cher.
- Dieser **Pulli** ist ein wenig teuer.

Kleidung und Accessoires

la robe [laʀɔb] *n*	**das Kleid**
› Où est-ce que tu as acheté cette belle **robe** qui te va si bien ?	› Wo hast du dieses schöne **Kleid** gekauft, das dir so gut steht?
la veste [lavɛst] *n*	**die Jacke**
› Comme il fait froid, tu devrais mettre une **veste** chaude.	› Da es kalt ist, solltest du eine warme **Jacke** anziehen.
les lunettes [lelynɛt] *n f pl*	**die Brille**
› Je porte des **lunettes** pour regarder la télé.	› Ich trage eine **Brille** zum Fernsehen.
la montre [lamõtʀ] *n*	**die Armbanduhr, die Uhr**
› Depuis la piscine, ma **montre** ne marche plus.	› Seit dem Schwimmbad geht meine **Armbanduhr** nicht mehr.
le parapluie [ləpaʀaplɥi] *n*	**der Regenschirm**
› Prenez un **parapluie**, c'est plus sûr.	› Nehmen Sie einen **Regenschirm**! Das ist sicherer.
le porte-monnaie [ləpɔʀtmɔnɛ] *n*	**der Geldbeutel**
› C'est ton **porte-monnaie** ?	› Ist das dein **Geldbeutel**?
le portefeuille [ləpɔʀtəfœj] *n*	**die Brieftasche**
› Où est mon **portefeuille** ?	› Wo ist meine **Brieftasche**?
le sac à main [ləsakamɛ̃] *n*	**die Handtasche**
› Ce **sac à main** coûte deux cent euros !	› Diese **Handtasche** kostet zweihundert Euro!

Soziale Beziehungen

la famille [lafamij] *n*	**die Familie**
▸ Venez avec votre **famille**.	▸ Kommen Sie mit Ihrer **Familie**.
la femme [lafam] *n*	**die Ehefrau, die Frau**
▸ Ma **femme** s'appelle Catherine.	▸ Meine **Frau** heißt Catherine.
la fille [lafij] *n*	**die Tochter**
▸ Voilà ma **fille** Sylvie.	▸ Das ist meine **Tochter** Sylvie.
le fils [ləfis] *n*	**der Sohn**
▸ Voilà mon **fils** Corentin.	▸ Das ist mein **Sohn** Corentin.
le frère [ləfRɛR] *n*	**der Bruder**
▸ J'ai un **frère**.	▸ Ich habe einen **Bruder**.
la grand-mère [lagRɑ̃mɛR] *n*	**die Großmutter**
▸ Ma **grand-mère** a eu soixante-dix ans dimanche dernier.	▸ Meine **Großmutter** ist am letzten Sonntag siebzig Jahre alt geworden.
les grands-parents [legRɑ̃paRɑ̃] *n*	**die Großeltern**
▸ Mes **grands-parents** sont à la retraite.	▸ Meine **Großeltern** sind im Ruhestand.
le grand-père [ləgRɑ̃pɛR] *n*	**der Großvater**
▸ Mon **grand-père** est très âgé, mais encore très actif.	▸ Mein **Großvater** ist sehr alt, aber noch sehr aktiv.

le mari [ləmaʀi] *n* 〉 Le **mari** de Gisèle est très sympa.	**der Ehemann, der Mann** 〉 Der **Mann** von Gisèle ist sehr nett.
la mère [lamɛʀ] *n* 〉 Ma **mère** a cinquante ans.	**die Mutter** 〉 Meine **Mutter** ist fünfzig Jahre alt.
les parents [lepaʀɑ̃] *n m pl* 〉 Elle habite encore chez ses **parents**.	**die Eltern** 〉 Sie wohnt noch bei ihren **Eltern**.
le père [ləpɛʀ] *n* 〉 Son **père** est à la retraite.	**der Vater** 〉 Ihr **Vater** ist im Ruhestand.
les petits-enfants [lep(ə)tizɑ̃fɑ̃] *n m pl* 〉 Elle a quatre **petits-enfants**.	**die Enkelkinder** 〉 Sie hat vier **Enkelkinder**.
la sœur [lasœʀ] *n* 〉 J'ai deux **sœurs**.	**die Schwester** 〉 Ich habe zwei **Schwestern**.
l'ami [lami] *n m* 〉 Pierre est mon **ami**.	**der Freund** 〉 Pierre ist mein **Freund**.
l'amie [lami] *n f* 〉 Nadine est mon **amie** de vacances.	**die Freundin** 〉 Nadine ist meine Urlaubsfreundin.
le copain [ləkɔpɛ̃] *n ugs* 〉 Ses **copains** sont là.	**der Freund** 〉 Seine **Freunde** sind da.
la copine [lakɔpin] *n ugs* 〉 J'habite chez une **copine**.	**die Freundin** 〉 Ich wohne bei einer **Freundin**.

le collègue [ləkɔlɛg] *n*
> Elle s'est mariée avec son **collègue** de bureau.

der Kollege
> Sie hat ihren Büro**kollegen** geheiratet.

la collègue [lakɔlɛg] *n*
> Voilà une de mes **collègues**, Françoise Pignon.

die Kollegin
> Hier ist eine meiner **Kolleginnen**, Françoise Pignon.

le voisin [ləvwazɛ̃] *n*
> Nos **voisins** sont très polis.

der Nachbar
> Unsere **Nachbarn** sind sehr höflich.

la voisine [lavwazin] *n*
> Je vous présente notre **voisine**, madame Duval.

die Nachbarin
> Darf ich Ihnen unsere **Nachbarin**, Frau Duval, vorstellen?

Wahrnehmungen und Gefühle

l'amour [lamuʀ] *n m*
> Olivier, c'est son grand **amour**.

die Liebe
> Olivier ist ihre große **Liebe**.

aimer [eme] *v*
> Je t'**aime** depuis toujours.

lieben
> Ich **liebe** dich schon immer.

aimer bien [emebjɛ̃] *v*
> Je crois qu'il m'**aime bien** aussi.

gern mögen, gernhaben
> Ich glaube, er **mag** mich auch.

avoir du goût [avwaʀdygu] *v*
> Ça **a** bon **goût**. Qu'est-ce que c'est ?

schmecken
> Das **schmeckt** gut. Was ist das?

Wahrnehmungen und Gefühle

le bruit [ləbʀɥi] *n* › Je ne peux pas dormir à cause du **bruit**.	**der Lärm** › Ich kann wegen des **Lärms** nicht schlafen.
avoir chaud [avwaʀʃo] *v* › Vous **avez** trop **chaud** ?	**warm sein** jemandem › **Ist** Ihnen zu **warm**?
écouter [ekute] *v* › Tu veux **écouter** de la musique ?	**hören** › Möchtest du Musik **hören**?
entendre [ɑ̃tɑ̃dʀ] *v* › Mon père n'**entend** pas bien.	**hören** › Mein Vater **hört** nicht gut.

TIPP Allgemein **hören** ist *entendre*, gezielt **anhören** oder **zuhören** ist *écouter*.

la faim [lafɛ̃] *n* › J'ai très **faim**. Pas toi ? – Si, moi aussi.	**der Hunger** › Ich habe großen **Hunger**. Du nicht? – Doch, ich auch.
fatigué, fatiguée [fatige] *adj* › Elle est très **fatiguée**.	**müde** › Sie ist sehr **müde**.
avoir froid [avwaʀfʀwa] *v* › J'**ai froid** ! On rentre.	**kalt sein** jemandem › Mir **ist kalt**! Wir gehen rein.
sentir [sɑ̃tiʀ] *v* › Mmm... Je peux **sentir** ton merveilleux gâteau au chocolat.	**riechen** › Mmm... Ich kann deinen wundervollen Schokoladenkuchen **riechen**.

se sentir [səsɑ̃tiʀ] *v/ref*
> J'ai trop mangé et maintenant, je **me sens** mal.

sich fühlen
> Ich habe zu viel gegessen und jetzt **fühle** ich **mich** schlecht.

la soif [laswaf] *n*
> Tu as **soif** ? Tu veux boire quelque chose ?

der Durst
> Hast du **Durst**? Möchtest du etwas trinken?

voir [vwaʀ] *v*
> Je ne **vois** rien sans mes lunettes.

sehen
> Ohne meine Brille **sehe** ich nichts.

Meinungen und Urteile

bien [bjɛ̃] *adv*
> Les filles de Monsieur Dubois travaillent **bien** à l'école.

gut
> Die Töchter von Herrn Dubois arbeiten **gut** in der Schule.

bon, bonne [bõ, bɔn] *adj*
> Ce n'est pas la **bonne** adresse.

richtig
> Das ist nicht die **richtige** Adresse.

égal, égale [egal] *adj, pl égaux*
> Ça m'est **égal**.

egal
> Das ist mir **egal**.

l'idée [lide] *n f*
> C'est une bonne **idée** !

die Idee
> Das ist eine gute **Idee**!

important, importante [ɛpɔʀtɑ̃, ɛpɔʀtɑ̃t] *adj* ❱ Laisse, ce n'est pas **important**.	**wichtig** ❱ Lass, das ist nicht **wichtig**.
mal [mal] *adv* ❱ Ça commence **mal**.	**schlecht** ❱ Das fängt **schlecht** an.
sûr, sûre [syʀ] *adj* ❱ Tu es vraiment **sûr** qu'il ne peut pas venir ?	**sicher** ❱ Bist du wirklich **sicher**, dass er nicht kommen kann?
croire [kʀwaʀ] *v* ❱ C'est vrai ? – Non, je ne **crois** pas.	**glauben** ❱ Ist das wahr? – Nein, ich **glaube** nicht.
dire [diʀ] *v* ❱ Tu ne **dis** rien ? – Non, je n'ai rien à **dire**.	**sagen** ❱ Du **sagst** nichts? – Nein, ich habe nichts zu **sagen**.
plaire [plɛʀ] *v* ❱ Ces livres ne **plaisent** pas à ma mère.	**gefallen** ❱ Diese Bücher **gefallen** meiner Mutter nicht.
Comme c'est beau ! [kɔmsɛbo] *interj* ❱ **Comme c'est beau** ici !	**Wie schön!** ❱ **Wie schön** es hier ist!
Ça ne fait rien ! [sanəfɛʀjɛ̃] *phrase* ❱ Il n'y a plus de café. – **Ça ne fait rien !**	**Das macht nichts!** ❱ Der Kaffee ist alle! – **Das macht nichts!**
la chance [laʃɑ̃s] *n* ❱ On est les premiers ! Quelle **chance** !	**das Glück** ❱ Wir sind die Ersten! Welch ein **Glück**!

Pas de chance ! [pad(ə)ʃɑ̃s] *interj*	**So ein Pech!**
❯ C'est complet. – **Pas de chance !**	❯ Es ist ausgebucht. – **So ein Pech!**
la surprise [lasyRpRiz] *n*	**die Überraschung**
❯ Quelle **surprise** !	❯ Welch eine **Überraschung**!

Nationalitäten

l'Allemagne [lalmaɲ] *n f*	**Deutschland**
❯ Nous allons en **Allemagne**.	❯ Wir fahren nach **Deutschland**.
allemand, allemande [almɑ̃, almɑ̃d] *adj*	**deutsch**
❯ C'est une voiture **allemande**.	❯ Das ist ein **deutsches** Auto.
l'Allemand, l'Allemande [lalmɑ̃, lalmɑ̃d] *n m, f*	**der Deutsche, die Deutsche**
l'Angleterre [lɑ̃glətɛR] *n f*	**England**
❯ Vous aimez l'**Angleterre** ?	❯ Mögen Sie **England**?
anglais, anglaise [ɑ̃glɛ, ɑ̃glɛz] *adj*	**englisch**
❯ Vous travaillez dans une banque **anglaise** ?	❯ Arbeiten Sie in einer **englischen** Bank?
l'Anglais, l'Anglaise [lɑ̃glɛ, lɑ̃glɛz] *n m, f*	**der Engländer, die Engländerin**

Nationalitäten

l'Autriche [lotʀiʃ] *n f*	**Österreich**
❱ Ma sœur travaille en **Autriche**.	❱ Meine Schwester arbeitet in **Österreich**.
autrichien, autrichienne [otʀiʃjɛ̃, otʀiʃjɛn] *adj*	**österreichisch**
❱ Il travaille pour une banque **autrichienne**.	❱ Er arbeitet für eine **österreichische** Bank.
l'Autrichien, l'Autrichienne [lotʀiʃjɛ̃, lotʀiʃjɛn] *n m, f*	**der Österreicher, die Österreicherin**

la Belgique [labɛlʒik] *n*	**Belgien**
❱ En **Belgique**, on aime les frites et la bière.	❱ In **Belgien** mag man gern Pommes frites und Bier.
belge [bɛlʒ] *adj m/f*	**belgisch**
❱ C'est des frites **belges** ?	❱ Sind das **belgische** Pommes?
le Belge, la Belge [ləbɛlʒ, labɛlʒ] *n*	**der Belgier, die Belgierin**

l'Espagne [lɛspaɲ] *n f*	**Spanien**
❱ Il aime l'**Espagne**.	❱ Er liebt **Spanien**.
espagnol, espagnole [ɛspaɲɔl] *adj*	**spanisch**
❱ C'est une chanson **espagnole**.	❱ Das ist ein **spanisches** Lied.
l'Espagnol, l'Espagnole [lɛspaɲɔl, lɛspaɲɔl] *n m, f*	**der Spanier, die Spanierin**

la France [lafʀɑ̃s] *n*	**Frankreich**
❱ En **France**, on mange beaucoup de fromage.	❱ In **Frankreich** isst man viel Käse.

Nationalitäten

français, française [fʀɑ̃sɛ, fʀɑ̃sɛz] *adj*	**französisch**
❱ C'est un parfum **français**.	❱ Das ist ein **französisches** Parfüm.

le Français, la Française [ləfʀɑ̃sɛ, lafʀɑ̃sɛz] *n*

der Franzose, die Französin

la Grèce [lagʀɛs] *n*
❱ Sa mère vient de **Grèce**.

Griechenland
❱ Seine Mutter kommt aus **Griechenland**.

grec, grecque [gʀɛk] *adj*
❱ Ce soir, on va dans un restaurant **grec**.

griechisch
❱ Heute Abend gehen wir in ein **griechisches** Restaurant.

le Grec, la Grecque [ləgʀɛk, lagʀɛk] *n*

der Grieche, die Griechin

l'Italie [litali] *n f*
❱ Son amie vit en **Italie**.

Italien
❱ Seine Freundin lebt in **Italien**.

italien, italienne [italjɛ̃, italjɛn] *adj*
❱ Il est de nationalité **italienne**.

italienisch

❱ Er hat die **italienische** Staatsangehörigkeit.

l'Italien, l'Italienne [litaljɛ̃, litaljɛn] *n m, f*

der Italiener, die Italienerin

la Suède [lasɥɛd] *n*
❱ Elle passe ses vacances en **Suède**.

Schweden
❱ Sie macht Urlaub in **Schweden**.

suédois, suédoise [sɥedwa, sɥedwaz] *adj*	**schwedisch**
❭ Chez elle, tout est **suédois**.	❭ Bei ihr zu Hause ist alles **schwedisch**.
le Suédois, la Suédoise [ləsɥedwa, lasɥedwaz] *n*	**der Schwede, die Schwedin**
la Suisse [lasɥis] *n*	**die Schweiz**
❭ On fait du ski en **Suisse**.	❭ Wir fahren in der **Schweiz** Ski.
suisse [sɥis] *adj m/f*	**Schweizer, schweizerisch**
❭ J'ai une montre **suisse**.	❭ Ich habe eine **Schweizer** Uhr.
le Suisse, la Suisse [ləsɥis, lasɥis] *n*	**der Schweizer, die Schweizerin**

KÖRPER UND GESUNDHEIT

Körperteile

la bouche [labuʃ] *n*
> On ne doit pas parler la **bouche** pleine !

der Mund
> Man soll nicht mit vollem **Mund** sprechen!

le bras [ləbʀa] *n*
> Je me suis cassé le **bras** en faisant du ski.

der Arm
> Ich habe mir beim Skifahren den **Arm** gebrochen.

les cheveux [leʃ(ə)vø] *n m pl*
> Les garçons ont tous les deux les **cheveux** blonds.

die Haare
> Die Jungen haben beide blonde **Haare**.

la dent [ladɑ̃] *n*
> J'ai mal aux **dents** depuis trois jours.

der Zahn
> Seit drei Tagen habe ich **Zahn**schmerzen.

le dos [lədo] *n*
> Depuis que je travaille la nuit, j'ai mal au **dos**.

der Rücken
> Seitdem ich nachts arbeite, habe ich **Rücken**schmerzen.

le genou [ləʒ(ə)nu] *n*, *pl genoux*
> Elle a mal au **genou**.

das Knie
> Ihr tut das **Knie** weh.

Körperteile

la jambe [laʒɑ̃b] *n*
› J'ai beaucoup marché, j'ai mal aux **jambes**.

das Bein
› Ich bin viel gelaufen, mir tun die **Beine** weh.

la main [lamɛ̃] *n*
› Les enfants ont les **mains** propres.

die Hand
› Die Kinder haben saubere **Hände**.

le nez [ləne] *n*
› Il a un grand **nez** !

die Nase
› Er hat eine große **Nase**!

l'oreille [ɔʀɛj] *n f*
› Depuis la piscine, j'ai mal aux **oreilles**.

das Ohr
› Seit dem Schwimmbad habe ich **Ohren**schmerzen.

la peau [lapo] *n, pl peaux*
› J'ai la **peau** sèche à cause du soleil.

die Haut
› Ich habe wegen der Sonne eine trockene **Haut**.

le pied [ləpje] *n*
› Elle a mal aux **pieds**.

der Fuß
› Ihr tun die **Füße** weh.

la tête [latɛt] *n*
› J'ai mal à la **tête**.

der Kopf
› Ich habe **Kopf**schmerzen.

le ventre [ləvɑ̃tʀ] *n*
› J'ai trop mangé de glace et j'ai un peu mal au **ventre**.

der Bauch
› Ich habe zu viel Eis gegessen und habe ein bisschen **Bauch**weh.

le visage [ləvizaʒ] *n*
› Cet enfant a un beau **visage**.

das Gesicht
› Dieses Kind hat ein schönes **Gesicht**.

Körperpflege und Gesundheit

se brosser les dents [sebʀɔseledã] *v/ref*
- N'oublie pas de **te brosser les dents** !

sich die Zähne putzen
- Vergiss nicht, **dir die Zähne** zu **putzen**!

se laver [səlave] *v/ref*
- Où est-ce que je peux **me laver** les mains ?

sich waschen
- Wo kann ich **mir** die Hände **waschen**?

prendre son bain [pʀãdʀsõbɛ̃] *v*
- Est-ce que les enfants **ont** déjà **pris leur bain** ?

baden
- **Haben** die Kinder schon **gebadet**?

prendre une douche [pʀãdʀyndu∫] *v*
- Je **prends** toujours **une douche** après le sport.

eine Dusche nehmen
- Ich **nehme** immer **eine Dusche** nach dem Sport.

se raser [səʀaze] *v/ref*
- Je **me rase** tous les matins.

sich rasieren
- Ich **rasiere mich** jeden Morgen.

sale [sal] *adj m/f*
- J'ai les mains **sales**.

schmutzig
- Ich habe **schmutzige** Hände.

le savon [ləsavõ] *n*
- Il n'y a plus de **savon** dans la salle de bains.

die Seife
- Es gibt keine **Seife** mehr im Bad.

fumer [fyme] *v*
- Mon frère **fume** trop.

rauchen
- Mein Bruder **raucht** zu viel.

la santé [lasɑ̃te] *n*
❭ Fumer, c'est mauvais pour la **santé**.

die Gesundheit
❭ Rauchen ist schlecht für die **Gesundheit**.

être en bonne santé [ɛtʀɑ̃bɔnsɑ̃te] *v*
❭ Sa mère **est en bonne santé**.

gesund sein
❭ Ihre Mutter **ist gesund**.

Medizinische Behandlung

l'accident [laksidɑ̃] *n m*
❭ Sophie a eu un **accident** de voiture à cause du brouillard.

der Unfall
❭ Sophie hat wegen des Nebels einen Auto**unfall** gehabt.

l'ambulance [lɑ̃bylɑ̃s] *n f*
❭ Laissez passer l'**ambulance**, il y a eu un accident.

der Rettungswagen
❭ Lassen Sie den **Rettungswagen** durchfahren! Es ist ein Unfall passiert.

le comprimé [ləkɔ̃pʀime] *n*
❭ Prenez deux **comprimés** avec un verre d'eau.

die Tablette
❭ Nehmen Sie zwei **Tabletten** mit einem Glas Wasser.

le dentiste [lədɑ̃tist] *n*
❭ Si tu as mal aux dents, va chez le **dentiste** !

der Zahnarzt
❭ Wenn du Zahnschmerzen hast, geh zum **Zahnarzt**!

Medizinische Behandlung

le/la docteur [lə/ladɔktœʀ] *n m/f* — **der Arzt, die Ärztin, Doktor**

- Allez chercher un **docteur** !
- Holen Sie einen **Arzt**!
- Ma fille est **docteur**.
- Meine Tochter ist **Ärztin**.
- Bonjour, madame le **docteur** !
- Guten Tag, **Frau Doktor**!

TIPP Auch Frauen werden mit der männlichen Form *le docteur* bezeichnet.

la fièvre [lafjɛvʀ] *n* — **das Fieber**

- Elle est au lit parce qu'elle a trente-neuf de **fièvre**.
- Sie liegt im Bett, weil sie neununddreißig Grad **Fieber** hat.

l'hôpital [ɔpital] *n m, pl hôpitaux* — **das Krankenhaus**

- Comme il a eu un accident de voiture, il a été amené à l'**hôpital**.
- Da er einen Autounfall hatte, wurde er ins **Krankenhaus** gebracht.

la maladie [lamaladi] *n* — **die Krankheit**

- Ses enfants n'ont pas de **maladie** de peau comme lui.
- Seine Kinder haben keine Haut**krankheit** wie er.

avoir mal à [avwaʀmala] *phrase* — **Schmerzen haben**

- J'**ai mal à** la tête.
- Ich **habe** Kopf**schmerzen**.

malade [malad] *adj m/f* — **krank**

- Je suis **malade**, je ne vais pas travailler.
- Ich bin **krank**, ich gehe nicht arbeiten.

le médicament
[ləmedikamã] *n*
» Le médecin lui a dit de prendre ce **médicament**.

das Medikament
» Der Arzt hat ihm gesagt, er solle dieses **Medikament** einnehmen.

le rhume [ləʀym] *n*
» Il a fait si froid hier. Maintenant j'ai un **rhume**.

die Erkältung
» Gestern war es so kalt. Jetzt habe ich eine **Erkältung**.

le sang [ləsã] *n*
» Une fois par an, je donne mon **sang**.

das Blut
» Einmal pro Jahr spende ich **Blut**.

KOMMUNIKATION

Verständigung und Verständigungsprobleme

comprendre [kɔ̃pʀɑ̃dʀ] *v*
> Je ne **comprends** pas. Vous pouvez répéter, s'il vous plaît ?

verstehen
> Ich **verstehe** nicht. Können Sie das bitte wiederholen?

---

expliquer [ɛksplike] *v*
> Vous pouvez m'**expliquer** ce mot ?

erklären
> Können Sie mir dieses Wort **erklären**?

---

parler [paʀle] *v*
> Elle **parle** très bien le français.

sprechen
> Sie **spricht** sehr gut Französisch.

---

répéter [ʀepete] *v*
> Vous pouvez **répéter** votre question, s'il vous plaît ?

wiederholen
> Können Sie Ihre Frage bitte **wiederholen**?

---

répondre [ʀepɔ̃dʀ] *v*
> Il faut **répondre** aux questions.

antworten
> Man muss auf die Fragen **antworten**.

---

vouloir dire [vulwaʀdiʀ] *v*
> Qu'est-ce que ça **veut dire**, ce mot ?
> Qu'est-ce que ça **veut dire** «être à l'heure» ? – Ça **veut dire** «être ponctuel».

bedeuten, heißen
> Was **bedeutet** dieses Wort?
> Was **heißt** „être à l'heure"? – Es **heißt** „pünktlich sein".

Comment ? [kɔmã] *interj*
- **Comment ?** Qu'est-ce que vous dites ?

Wie bitte?
- **Wie bitte?** Was sagen Sie?

Comment dit-on ...? [kɔmãditditõ] *phrase*
- **Comment dit-on** «links» en français ?

Was heißt ...?
- **Was heißt** „links" auf Französisch?

Non ? [nõ] *interj*
- C'est tout compris, **non ?**

Oder?
- Alles ist im Preis inbegriffen, **oder?**

Bitte, Dank und Entschuldigung

s'il vous plaît [silvuplɛ] *phrase*
- Une baguette, **s'il vous plaît !**

bitte
- Ein Baguette, **bitte!**

s'il te plaît [siltəplɛ] *phrase*
- Passe-moi le sucre, **s'il te plaît !**

bitte
- Reich mir **bitte** den Zucker!

> **TIPP** Man sagt *s'il vous plaît*, wenn man jemanden siezt, und *s'il te plaît*, wenn man jemanden duzt.

merci [mɛʀsi] *interj*
- Non, **merci**.

danke
- Nein, **danke**.

merci bien [mɛʀsibjɛ̃] *interj*
- Voilà votre billet de train. – **Merci bien**.

danke schön
- Da ist Ihre Fahrkarte. – **Danke schön**.

De rien ! [dəʀjɛ̃] *interj* ❭ Merci pour le livre ! – **De rien !**	**Gern geschehen!** ❭ Danke für das Buch! – **Gern geschehen!**
être désolé, être désolée [ɛtʀdezɔle] *phrase* ❭ Je **suis désolé** pour vous.	**leidtun** ❭ **Tut** mir **leid** für Sie.
Excusez-moi ! [ɛkskyzemwa] *interj* ❭ **Excusez-moi**, mais cette chaise n'est pas libre.	**Verzeihung!; Entschuldigen Sie!** ❭ **Entschuldigen Sie**, aber dieser Stuhl ist nicht frei.
Pardon ! [paʀdɔ̃] *interj* ❭ **Pardon**, vous êtes d'ici ?	**Entschuldigung!** ❭ **Entschuldigung**, sind Sie von hier?

Kontaktaufnahme und Abschied

la carte de visite [lakaʀtdəvizit] *n* ❭ Voilà ma **carte de visite**.	**die Visitenkarte** ❭ Hier ist meine **Visitenkarte**.
le message [ləmesaʒ] *n* ❭ Je peux laisser un **message** ?	**die Nachricht** ❭ Kann ich eine **Nachricht** hinterlassen?
parler [paʀle] *v* ❭ Est-ce que je peux **parler** à Monsieur Dupont ?	**sprechen** ❭ Kann ich bitte Herrn Dupont **sprechen**?

présenter [pʀezɑ̃te] *v*
⟩ Je **présente** mon fils à monsieur Dupont.

vorstellen
⟩ Ich **stelle** meinen Sohn Herrn Dupont **vor**.

Bonjour ! [bɔ̃ʒuʀ] *interj*
⟩ **Bonjour**, madame. Vous allez bien ?

Guten Morgen!; Guten Tag!
⟩ **Guten Tag**. Wie geht es Ihnen?

Bonsoir ! [bɔ̃swaʀ] *interj*
⟩ **Bonsoir** à tout le monde et à demain !

Guten Abend!
⟩ **Guten Abend** allerseits und bis morgen!

---

madame [madam] *n f*
⟩ Bonjour, **madame** !

Frau
⟩ Guten Tag, **gnädige Frau**!

> **TIPP** Mit *madame* werden Frauen angeredet. Die Pluralform ist unregelmäßig: *mesdames*. Die Abkürzungen sind *Mme* und *Mmes*.

mademoiselle [mad(ə)mwazɛl] *n f*
⟩ Je vous présente **mademoiselle** Dupont.

Frau
⟩ Ich stelle Ihnen **Frau** Dupont vor.

> **TIPP** Mit *mademoiselle* (eigentlich „Fräulein") werden jüngere Frauen angeredet. Die Pluralform ist unregelmäßig: *mesdemoiselles*. Die Abkürzungen sind *Mlle* und *Mlles*.

monsieur [məsjø] *n m*
⟩ Bonsoir, **monsieur** !

Herr
⟩ Guten Abend, **mein Herr**!

> **TIPP** Mit *monsieur* werden Männer angeredet. Die Pluralform ist unregelmäßig: *messieurs*. Die Abkürzungen sind *M.* und *MM.*

Salut ! [saly] *interj*
⟩ **Salut** Paul ! Ça va ?
⟩ **Salut**, à demain !

Hallo!; Tschüs!
⟩ **Hallo** Paul! Wie geht's?
⟩ **Tschüs**, bis morgen!

À demain ! [dəmɛ̃] *phrase*	**Bis morgen!**
❭ Salut, Paul ! **À demain !** – D'accord.	❭ Tschüs, Paul! **Bis morgen!** – Einverstanden.
À plus tard ! [aplytaʀ] *interj*	**Bis später!**
❭ **À plus tard !** Salut !	❭ **Bis später!** Tschüs!
À tout à l'heure ! [atutalœʀ] *interj*	**Bis gleich!**
❭ Je rentre dans dix minutes. **À tout à l'heure !**	❭ Ich bin in zehn Minuten wieder da. **Bis gleich!**
Au revoir ! [oʀ(ə)vwaʀ] *interj*	**Auf Wiedersehen!**
❭ **Au revoir** et à bientôt !	❭ **Auf Wiedersehen** und bis bald!

Zustimmung, Ablehnung und Aufforderung

Avec plaisir ! [avɛkpleziʀ] *interj*	**Mit Vergnügen!**
❭ Viendrez-vous ce soir ? – Mais bien sûr. **Avec plaisir !**	❭ Kommen Sie heute Abend? – Aber sicher. **Mit Vergnügen!**
Bravo ! [bʀavo] *interj*	**Bravo!**
❭ **Bravo !** C'est formidable !	❭ **Bravo!** Das ist wunderbar!
D'accord ! [dakoʀ] *interj*	**Einverstanden!**
❭ **D'accord**, je viens avec vous.	❭ **Einverstanden!** Ich komme mit euch.
moi aussi [mwaosi] *phrase*	**ich auch**
❭ J'adore le football ! – **Moi aussi**.	❭ Ich liebe Fußball! – **Ich auch**.

Zustimmung, Ablehnung und Aufforderung

oui [wi] *adv*	**ja**
❯ Le film te plaît ? – **Oui**, beaucoup.	❯ Gefällt dir der Film? – **Ja**, sehr.
Bien sûr. [bjɛ̃syʀ] *phrase*	**Natürlich.**
❯ Vous êtes d'accord ? – Oui, **bien sûr**.	❯ Sind Sie einverstanden? – Ja, **natürlich**.
Je veux bien ! [ʒəvøbjɛ̃] *phrase*	**Gern!**
❯ Vous venez ? – **Je veux bien !**	❯ Kommen Sie mit? – **Gern!**
non [nõ] *adv*	**nein**
❯ Du ketchup avec les frites ? – **Non**, merci.	❯ Ketchup zu den Pommes? – **Nein**, danke.
possible [pɔsibl] *adj m/f*	**möglich**
❯ Désolé, mais ce n'est pas **possible**.	❯ Tut mir leid, aber das ist nicht **möglich**.
Pas question ! [pakɛstjõ] *interj*	**Kommt nicht in Frage!**
❯ On achète de la bière ? – **Pas question !**	❯ Kaufen wir Bier? – **Kommt nicht in Frage!**
On y va ? [õniva] *phrase*	**Gehen wir?**
❯ Alors, **on y va** ou on reste ?	❯ Also dann, **gehen wir** oder bleiben wir?
Allez ! [ale] *interj*	**Los!**
❯ **Allez**, dépêche-toi !	❯ **Los**, beeil dich!
appeler [aple] *v*	**rufen**
❯ Il est blessé, **appelez** vite un médecin !	❯ Er ist verletzt. **Rufen** Sie schnell einen Arzt!

Arrêtez ! [aʀɛte] *interj*	**Aufhören!**
› **Arrêtez !** Ça me dérange.	› **Aufhören!** Das stört mich.
Attendez ! [atɑ̃de] *interj*	**Warten Sie!**
› **Attendez !**, s'il vous plaît !	› **Warten Sie** bitte!
Bon ... [bõ] *interj*	**Also ...**
› **Bon**, tu viens ?	› **Also**, kommst du jetzt?
Allez, courage ! [ale kuʀaʒ] *interj*	**Nur Mut!**
› **Allez, courage**, mesdames et messieurs !	› **Nur Mut**, meine Damen und Herren!
Entrez ! [ɑ̃tʀe] *interj*	**Herein!**
› **Entrez**, messieurs !	› **Herein**, meine Herren!
Une minute ! [ynminyt] *interj*	**Einen Augenblick!**
› **Une minute**, s'il vous plaît !	› **Einen Augenblick**, bitte!
le silence [ləsilɑ̃s] *n*	**die Ruhe**
› Un peu de **silence**, s'il vous plaît !	› **Ruhe**, bitte!
Ça suffit ! [sasyfi] *phrase*	**Das reicht!**
› Silence ! **Ça suffit** comme ça !	› Ruhe! **Das reicht** jetzt!
vite [vit] *adv*	**schnell**
› Viens **vite**, on est en retard !	› Komm **schnell**, wir sind spät dran!

Redewendungen und Small Talk

Bonne année ! [bɔnane] *interj*	**Gutes neues Jahr!**
〉 **Bonne année** à tous !	〉 **Gutes neues Jahr** allerseits!

Ah bon ? [abõ] *interj*	**Ach ja?**
〉 Elle n'est pas portugaise, elle est française ! – **Ah bon ?**	〉 Sie ist nicht Portugiesin, sie ist Französin! – **Ach ja?**
Ah bon ! [abõ] *interj*	**Ach so!**
〉 C'est moi qui fais les courses. – **Ah bon !**	〉 Ich gehe einkaufen. – **Ach so!**

Bon alors ... [bõalɔʀ] *interj*	**Also dann ...**
〉 **Bon alors**, qu'est-ce qu'on prend ?	〉 **Also dann**, was nehmen wir?

Ça va. [sava] *phrase*	**Es geht.**
〉 Bonjour, ça va ? – Oui, **ça va**, merci, et toi ?	〉 Guten Tag, wie geht's? – **Es geht**, danke, und dir?
Ça va ? [sava] *phrase*	**Wie geht's?**
〉 Bonsoir, mes amis ! **Ça va ?**	〉 Guten Abend, Freunde! **Wie geht's?**

Bonne chance ! [bɔnʃɑ̃s] *interj*	**Viel Glück!**
〉 **Bonne chance** pour ton nouveau travail !	〉 **Viel Glück** bei deiner neuen Arbeit!

Bon courage ! [bõkuʀaʒ] *interj*	**Alles Gute!**
〉 **Bon courage** pour les examens !	〉 **Alles Gute** fürs Examen!

Dommage ! [dɔmaʒ!] *interj*	**Schade!**
▸ Vous ne venez pas ? **Dommage !**	▸ Kommen Sie nicht mit? **Schade!**
Ce n'est pas de ma faute. [sənɛpadəmafot] *phrase*	**Das ist nicht meine Schuld.**
▸ **Ce n'est pas de ma faute.** C'est de sa faute.	▸ **Das ist nicht meine Schuld.** Das ist seine Schuld.
Ce sera long ? [səseralõ] *phrase*	**Wird es lange dauern?**
▸ Je dois aller chez le médecin. – **Ce sera long** ?	▸ Ich muss zum Arzt gehen. – **Wird es lange dauern?**
pas mal [pamal] *phrase*	**nicht schlecht**
▸ Tu vas bien ? – **Pas mal**, merci.	▸ Geht's dir gut? – **Nicht schlecht**, danke.
On y va ? [õniva] *phrase*	**Gehen wir?**
▸ Tu es prête ? **On y va ?** – Oui, on peut y aller !	▸ Bist du fertig? **Gehen wir?** – Ja, wir können gehen!
Bonne route ! [bɔnʀut] *interj*	**Gute Fahrt!**
▸ Au revoir et **bonne route** !	▸ Auf Wiedersehen und **gute Fahrt**!
À votre santé ! [avɔtʀəsɑ̃te] *interj*	**Prost!; Zum Wohl!**
▸ **À votre santé**, chers collègues !	▸ **Zum Wohl**, liebe Kollegen!
savoir [savwaʀ] *v*	**wissen**
▸ Vous **savez** qui c'est ? – Oui, je **sais**.	▸ **Wissen** Sie, wer das ist? – Ja, ich **weiß**.

s'asseoir [saswaʀ] *v/ref*	**sich setzen**
▶ Vous pouvez **vous asseoir** où vous voulez.	▶ Sie können **sich setzen**, wo Sie möchten.
déranger [deʀɑ̃ʒe] *v*	**stören**
▶ Je vous **dérange** ?	▶ **Störe** ich Sie?
entrer [ɑ̃tʀe] *v*	**eintreten**
▶ Je peux **entrer** ?	▶ Darf ich **eintreten**?
le feu [ləfø] *n, pl feux*	**das Feuer**
▶ Vous avez du **feu** ? – Non, je ne fume pas.	▶ Haben Sie **Feuer**? – Nein, ich rauche nicht.
gentil, gentille [ʒɑ̃ti, ʒɑ̃tij] *adj*	**nett**
▶ C'est **gentil**, merci !	▶ **Nett** von Ihnen, danke!
laisser [lese] *v*	**lassen**
▶ **Laisse**, ce n'est pas important pour aujourd'hui !	▶ **Lass nur**, das ist nicht wichtig für heute.
la question [lakɛstjɔ̃] *n*	**die Frage**
▶ C'est une **question** très intéressante.	▶ Das ist eine sehr interessante **Frage**.
rester [ʀɛste] *v*	**bleiben**
▶ **Restez** encore un peu avec nous !	▶ **Bleiben** Sie noch ein bisschen bei uns!
Il est tard. [ilɛtaʀ] *phrase*	**Es ist spät.**
▶ **Il est tard.** Je rentre à la maison.	▶ **Es ist spät.** Ich gehe nach Hause.

Presse, Radio, Fernsehen, Post

le journal [ləʒuRnal] *n*,
pl journaux
- Vous lisez un **journal** ?

die Zeitung
- Lesen Sie eine **Zeitung**?

le magazine [ləmagazin] *n*
- Il lit aussi beaucoup de **magazines** féminins.

die Zeitschrift
- Er liest auch viele Frauen**zeitschriften**.

la revue [laR(ə)vy] *n*
- Je suis abonné à une **revue** de sport.

die Zeitschrift
- Ich habe eine Sport**zeitschrift** abonniert.

la chaîne [laʃɛn] *n*
- Sur la troisième **chaîne** il y a un bon film ce soir.

das Programm
- Im dritten **Programm** kommt heute Abend ein guter Film.

la publicité [lapyblisite] *n*

**der Werbespot,
die Werbung**

- Les enfants aiment bien regarder la **pub** à la télé.

- Die Kinder schauen gern die **Werbespots** im Fernsehen an.

- Il y a trop de **publicité** !

- Es gibt zu viel **Werbung**!

TIPP Oft benutzt man auch die Abkürzung *pub*.

la radio [laRadjo] *n*
- Tu écoutes toujours la **radio** le matin ?

das Radio
- Hörst du immer morgens **Radio**?

regarder la télé
[R(ə)gaRdelatele] *v*
- On **regarde la télé**, ce soir ?

fernsehen
- **Sehen** wir heute Abend **fern**?

la télévision [latelevizjõ] *n*
› Qu'est-ce qu'il y a à la **télévision** ?

das Fernsehen
› Was gibt es im **Fernsehen**?

> **TIPP** Oft benutzt man auch die Abkürzung *télé*.

le bonjour [ləbõʒuʀ] *n*
› Un grand **bonjour** de Corse ...

der Gruß Brief
› Einen schönen **Gruß** aus Korsika ...

la carte postale [lakaʀtpɔstal] *n*
› C'est une **carte postale** pour Sylvie ?

die Postkarte
› Ist das eine **Postkarte** für Sylvie?

cher, chère [ʃɛʀ] *adj*
› **Chère** Jacqueline, comment vas-tu ?

Liebe(r, -s) Anrede im Brief
› **Liebe** Jacqueline, wie geht es dir?

le code postal [ləkɔdpɔstal] *n*
› Tu connais le **code postal** de Nantes ?

die Postleitzahl
› Weißt du die **Postleitzahl** von Nantes?

la lettre [lalɛtʀ] *n*
› Il y a une **lettre** de Catherine sur la table de la cuisine.

der Brief
› Da ist ein **Brief** von Catherine auf dem Küchentisch.

le timbre [lətɛ̃bʀ] *n*
› Dix **timbres** à cinquante centimes, s'il vous plaît.

die Briefmarke
› Zehn **Briefmarken** zu fünfzig Cent, bitte.

Telefon, Handy und Internet

Allô ! [alo] *interj*
> **Allô**, Monsieur Martin ? C'est Sophie Solar à l'appareil.

Hallo! am Telefon
> **Hallo**, Herr Martin? Hier spricht Sophie Solar.

l'appareil [lapaʀɛj] *n m*
> Qui est à l'**appareil** ?

der Apparat Telefon
> Wer ist am **Apparat**?

le numéro [lənymeʀo] *n*
> Quel est votre **numéro** de téléphone ?

die Nummer
> Was ist Ihre Telefon**nummer**?

le portable [ləpɔʀtabl] *n*
> Mon **portable** est toujours sur moi.

das Handy
> Ich habe mein **Handy** immer bei mir.

le répondeur [ləʀepõdœʀ] *n*
> Un **répondeur**, c'est pratique quand on n'est pas chez soi.

der Anrufbeantworter
> Ein **Anrufbeantworter** ist praktisch, wenn man nicht zu Hause ist.

le téléphone [lətelefɔn] *n*
> En vacances, je ne veux pas de **téléphone**.

das Telefon
> Im Urlaub will ich kein **Telefon**.

téléphoner [telefɔne] *v*
> Je vous **téléphone** demain.

anrufen
> Ich **rufe** Sie morgen **an**.

le texto [lətɛksto] *n*
> Pourquoi est-ce que tu ne lui envoies pas un **texto** ?

SMS
> Warum schickst du ihr keine **SMS**?

l'Internet [lɛ̃tɛʀnɛt] *n m*
> Vous pouvez vous informer sur **Internet**.

das Internet
> Sie können sich im **Internet** informieren.

en ligne [ɑ̃liɲ] *phrase*
> Mets-toi **en ligne** pour surfer sur Internet.

online
> Geh **online**, um im Internet zu surfen.

le mail [ləmɛl] *n*
> Je voudrais envoyer un **mail**.

die Mail
> Ich möchte eine **Mail** schicken.

l'ordinateur [ɔʀdinatœʀ] *n m*
> Il veut un nouvel **ordinateur** pour Noël.

der Computer
> Er möchte zu Weihnachten einen neuen **Computer** haben.

le programme [ləpʀɔgʀam] *n*
> Elle a installé plusieurs **programmes** sur son ordinateur.

das Programm
> Sie hat mehrere **Programme** auf ihrem Computer installiert.

les données [ledɔne] *n f pl*
> Pour ne pas perdre de **données**, il faut enregistrer les fichiers régulièrement.

die Daten
> Um keine **Daten** zu verlieren, muss man die Dateien regelmäßig speichern.

numérique [nymeʀik] *adj*
> Un enregistrement **numérique** est beaucoup plus silencieux.

digital
> Eine **digitale** Aufnahme rauscht viel weniger.

la souris [lasuʀi] *n*
> Cliquez avec la **souris** !

die Maus
> Klicken Sie mit der **Maus**!

télécharger [teleʃaʀʒe] *v*
> As-tu déjà **téléchargé** ce logiciel?

herunterladen
> Hast du diese Software schon **heruntergeladen**?

le wifi [ləwifi] *n*
> Il y a le **wifi** dans le café?

das WLAN
> Gibt es **WLAN** im Café?

ALLTAGSLEBEN UND WOHNEN

Allgemeine Aktivitäten

aller chercher [aleʃɛʀʃe] v
- Sa fille **va chercher** le journal tous les matins.

holen
- Seine Tochter **holt** jeden Morgen die Zeitung.

---

la bise [labiz] n
- Entre amis, on se fait souvent la **bise**.

das Küsschen
- Unter Freunden gibt man sich oft **Küsschen**.

---

boire [bwaʀ] v
- Vous voulez **boire** un café ?

trinken
- Möchten Sie einen Kaffee **trinken**?

---

chercher [ʃɛʀʃe] v
- Elle **cherche** du travail depuis six mois déjà.

suchen
- Seit sechs Monaten schon **sucht** sie Arbeit.

---

commencer [kɔmɑ̃se] v
- Le cours **commence** à neuf heures.

anfangen, beginnen
- Der Unterricht **fängt** um neun Uhr **an**.

---

donner [dɔne] v
- Vous pouvez **donner** l'assiette à ce monsieur ?

geben
- Können Sie diesem Herrn den Teller **geben**?

---

dormir [dɔʀmiʀ] v
- Vous avez bien **dormi** ?

schlafen
- Haben Sie gut **geschlafen** ?

écrire [ekʀiʀ] *v* ▸ On **écrit** une carte postale à Julie.	**schreiben** ▸ Wir **schreiben** Julie eine Postkarte.
être [ɛtʀ] *v* ▸ Comme tu **es** belle ! ▸ Il **est** très heureux.	**sein** ▸ Wie schön du **bist**! ▸ Er **ist** sehr glücklich.
être à [ɛtʀa] *v* ▸ Ce sac **est à** vous ? – Oui, il **est à** moi.	**gehören** ▸ **Gehört** Ihnen die Tasche? – Ja, sie **gehört** mir.
faire [fɛʀ] *v* ▸ Je n'ai rien à **faire** aujourd'hui.	**tun** ▸ Ich habe heute nichts zu **tun**.
faire la cuisine [fɛʀlakɥizin] *phrase* ▸ Elle n'aime pas **faire la cuisine** toute seule.	**kochen** ▸ Sie **kocht** nicht gern allein.
fermer [fɛʀme] *v* ▸ S'il te plaît, **ferme** la fenêtre !	**schließen** ▸ **Schließe** bitte das Fenster!
finir [finiʀ] *v* ▸ Elle **a fini** ce travail.	**beenden, fertig sein mit** ▸ Sie **hat** diese Arbeit **beendet**.
habiter [abite] *v* ▸ Je veux **habiter** en ville.	**wohnen** ▸ Ich möchte in der Stadt **wohnen**.
d'habitude [dabityd] *adv* ▸ **D'habitude**, je me lève plus tôt.	**normalerweise** ▸ **Normalerweise** stehe ich früher auf.

Allgemeine Aktivitäten

laver [lave] *v*
- Samedi, on va **laver** la voiture.

waschen
- Am Samstag **waschen** wir das Auto.

mettre [mɛtʀ(ə)] *v*
- Où est-ce que je peux **mettre** la voiture ?
- Tu peux **mettre** ton sac à main sur mon lit.

abstellen, legen, stellen
- Wo kann ich das Auto **abstellen**?
- Du kannst deine Handtasche auf mein Bett **legen**.

montrer [mõtʀe] *v*
- Je vous **montre** votre chambre.

zeigen
- Ich **zeige** Ihnen Ihr Zimmer.

ouvrir [uvʀiʀ] *v*
- Il fait chaud. Vous pouvez **ouvrir** les fenêtres, s'il vous plaît ?

aufmachen
- Es ist warm. Können Sie bitte die Fenster **aufmachen**?

passer chez [paseʃe] *v*
- **Passez chez** moi demain !

vorbeikommen
- **Kommen** Sie morgen bei mir **vorbei**!

passer prendre [pasepʀɑ̃dʀ] *v*
- Je **passe prendre** les enfants à cinq heures.

abholen
- Ich **hole** die Kinder um fünf Uhr **ab**.

à pied [apje] *adv*
- On va **à pied**.

zu Fuß
- Wir gehen **zu Fuß**.

préparer [pʀepaʀe] *v*
- Ce soir, c'est son mari qui **prépare** le repas.

zubereiten
- Heute Abend **bereitet** ihr Mann das Essen **zu**.

être pressé, être pressée [εtʀpʀese] *phrase*
- Les gens **sont** toujours **pressés**.

es eilig haben
- Die Leute **haben es** immer **eilig**.

regarder [ʀ(ə)gaʀde] *v*
- **Regarde**, il sait nager !

gucken, schauen
- **Schau mal**, er kann schwimmen!

le rendez-vous [ləʀɑ̃devu] *n*
- J'ai **rendez-vous** chez mon professeur.

der Termin
- Ich habe einen **Termin** bei meinem Lehrer.

rentrer [ʀɑ̃tʀe] *v*
- Il va bientôt faire nuit. **Rentrons** !

nach Hause gehen
- Es wird bald Nacht. Lasst uns **nach Hause gehen**!

Haus und Räumlichkeiten

l'appartement [lapaʀtəmɑ̃] *n m*
- Je cherche un **appartement** dans ce quartier.

die Wohnung
- Ich suche eine **Wohnung** in diesem Viertel.

l'ascenseur [lasɑ̃sœʀ] *n m*
- Avec tous ces sacs, prenez l'**ascenseur** !

der Aufzug, der Fahrstuhl
- Mit all diesen Taschen, nehmen Sie den **Fahrstuhl**!

le balcon [ləbalkɔ̃] *n*
- C'est vraiment très agréable, un **balcon** en été.

der Balkon
- Im Sommer ist ein **Balkon** wirklich sehr angenehm.

l'entrée [lɑ̃tʀe] *n f*
- L'**entrée** est à droite.

der Eingang
- Der **Eingang** ist rechts.

Haus und Räumlichkeiten

l'escalier [lɛskalje] *n m*	**die Treppe**
▸ Pas besoin de prendre l'**escalier**, il y a un ascenseur.	▸ Man muss nicht die **Treppe** nehmen, es gibt einen Aufzug.
l'étage [letaʒ] *n m*	**die Etage**
▸ On habite au quatrième **étage**.	▸ Wir wohnen in der vierten **Etage**.
le garage [ləgaʀaʒ] *n*	**die Garage**
▸ Notre maison a deux **garages**.	▸ Unser Haus hat zwei **Garagen**.
le jardin [ləʒaʀdɛ̃] *n*	**der Garten**
▸ Le **jardin** est derrière la maison.	▸ Der **Garten** ist hinter dem Haus.
la maison [lamɛzõ] *n*	**das Haus**
▸ Elle a une très belle **maison** de campagne.	▸ Sie hat ein sehr schönes Land**haus**.
la pièce [lapjɛs] *n*	**das Zimmer**
▸ On cherche un trois **pièces** avec balcon dans le centre-ville.	▸ Wir suchen eine Drei**zimmer**wohnung mit Balkon in der Innenstadt.
le rez-de-chaussée [ləʀedʃose] *n*	**das Erdgeschoss**
▸ J'habite au **rez-de-chaussée**.	▸ Ich wohne im **Erdgeschoss**.
la sortie [lasɔʀti] *n*	**der Ausgang**
▸ La **sortie** est à gauche.	▸ Der **Ausgang** ist links.
la terrasse [lateʀas] *n*	**die Terrasse**
▸ On déjeune sur la **terrasse** ?	▸ Essen wir auf der **Terrasse** zu Mittag?

la chambre [laʃɑ̃bʀ] *n*	**das Schlafzimmer**
❯ Tu as une grande **chambre**.	❯ Du hast ein großes **Schlafzimmer**.
le couloir [ləkulwaʀ] *n*	**der Flur**
❯ Les toilettes ? Vous les trouverez au bout du **couloir**.	❯ Die Toilette? Die finden Sie am Ende des **Flurs**.
la cuisine [lakɥizin] *n*	**die Küche**
❯ Ma **cuisine** est très petite.	❯ Meine **Küche** ist sehr klein.
la salle à manger [lasalamɑ̃ʒe] *n*	**das Esszimmer**
❯ La **salle à manger** est au rez-de-chaussée.	❯ Das **Esszimmer** ist im Erdgeschoss.
la salle de bains [lasaldəbɛ̃] *n*	**das Badezimmer**
❯ Je voudrais une chambre avec **salle de bains**.	❯ Ich möchte ein Zimmer mit **Bad**.
le salon [ləsalõ] *n*	**das Wohnzimmer**
❯ Le **salon** est à côté de la salle de bains.	❯ Das **Wohnzimmer** ist neben dem Badezimmer.
les toilettes [letwalɛt] *n f pl*	**die Toilette**
❯ Où sont les **toilettes**, s'il vous plaît ?	❯ Wo ist die **Toilette**, bitte?

Wohnung, Möbel und Ausstattung

le chauffage [ləʃofaʒ] *n*
› Mets le **chauffage** si tu as froid.

die Heizung
› Mach die **Heizung** an, wenn du frierst.

la fenêtre [lafənɛtʀ] *n*
› Ouvre la **fenêtre**, s'il te plaît !

das Fenster
› Mach bitte das **Fenster** auf!

la porte [lapɔʀt] *n*
› Tu peux ouvrir la **porte** ?

die Tür
› Kannst du die **Tür** aufmachen?

l'armoire [laʀmwaʀ] *n f*
› Les valises sont en haut dans l'**armoire**.

der Schrank
› Die Koffer sind oben im **Schrank**.

la chaise [laʃɛz] *n*
› Excusez-moi, cette **chaise** est libre ?

der Stuhl
› Entschuldigen Sie bitte, ist dieser **Stuhl** frei?

le fauteuil [ləfotœj] *n*
› Tu as acheté un nouveau **fauteuil** pour ton salon ?

der Sessel
› Hast du einen neuen **Sessel** für dein Wohnzimmer gekauft?

le lit [ləli] *n*
› J'aime bien lire au **lit**.

das Bett
› Ich lese gern im **Bett**.

le meuble [ləmœbl] *n*
› J'aime bien les **meubles** de son appartement.

das Möbel
› Ich mag die **Möbel** in ihrer Wohnung.

la table [latabl] *n*
› Nous avons une grande **table** pour toute la famille.

der Tisch
› Wir haben einen großen **Tisch** für die ganze Familie.

Alltagsgegenstände und -geräte

la boîte [labwat] *n*
› Achète une **boîte** de thon !
› Où est la **boîte** de chocolats ?

die Dose, die Schachtel
› Kauf eine **Dose** Thunfisch!
› Wo ist die **Schachtel** Pralinen?

la bouteille [labutɛj] *n*
› Une **bouteille** d'eau minérale, s'il vous plaît.

die Flasche
› Eine **Flasche** Mineralwasser, bitte.

la chose [laʃoz] *n*
› Je vais en ville, j'ai deux, trois **choses** à acheter.

die Sache
› Ich gehe in die Stadt, ich muss ein, zwei **Sachen** kaufen.

la cigarette [lasigaʀɛt] *n*
› Je vais acheter des **cigarettes** au bar-tabac.

die Zigarette
› Ich gehe **Zigaretten** im Tabakladen kaufen.

les ciseaux [lesizo] *n m pl*
› Les **ciseaux** ne coupent plus très bien.

die Schere
› Die **Schere** schneidet nicht mehr so gut.

la clé [lakle] *n*	**der Schlüssel**
❯ Je cherche mes **clés**.	❯ Ich suche meine **Schlüssel**.
la couverture [lakuvɛRtyR] *n*	**die Decke**
❯ Tu me donnes une autre **couverture** ? J'ai froid !	❯ Gibst du mir noch eine **Decke**? Mir ist kalt!
le livre [ləlivR] *n*	**das Buch**
❯ Elle écrit un **livre**.	❯ Sie schreibt ein **Buch**.
le paquet [ləpakɛ] *n*	**die Schachtel**
❯ Un **paquet** de cigarettes, s'il vous plaît.	❯ Eine **Schachtel** Zigaretten bitte.
le sac [ləsak] *n*	**die Tasche**
❯ Elle a un grand **sac** dans sa voiture.	❯ Sie hat eine große **Tasche** in ihrem Auto.
le stylo [ləstilo] *n*	**der Stift**
❯ Tu peux me prêter ton **stylo** ?	❯ Kannst du mir deinen **Stift** leihen?

Eigenschaften und Farben

beau, belle [bo, bɛl] *adj*	**schön**
❯ Quel **beau** tableau !	❯ Was für ein **schönes** Bild!

TIPP Vor männlichen Substantiven mit Vokal oder stummem h am Anfang steht *bel*.

calme [kalm] *adj m/f*	**ruhig**
❯ C'est très **calme** ici. On n'entend rien.	❯ Es ist sehr **ruhig** hier. Man hört nichts.

Eigenschaften und Farben

chaud, chaude [ʃo, ʃod] *adj*	**heiß, warm**
▶ La soupe est **chaude**.	▶ Die Suppe ist **heiß**.
▶ C'était un hiver **chaud**.	▶ Es war ein **warmer** Winter.
court, courte [kuʀ, kuʀt] *adj*	**kurz**
▶ Ta robe est trop **courte** et tes cheveux sont aussi trop **courts**.	▶ Dein Kleid ist zu **kurz** und deine Haare sind auch zu **kurz**.
fort, forte [fɔʀ, fɔʀt] *adj*	**stark**
▶ Le thé est très **fort**.	▶ Der Tee ist sehr **stark**.
froid, froide [fʀwa, fʀwad] *adj*	**kalt**
▶ L'eau est trop **froide**.	▶ Das Wasser ist zu **kalt**.
haut, haute ['o, 'ot] *adj*	**hoch**
▶ Cette étagère est **haute** de deux mètres.	▶ Dieses Regal ist zwei Meter **hoch**.
léger, légère [leʒe, leʒɛʀ] *adj*	**leicht**
▶ Cette boîte est **légère**.	▶ Diese Kiste ist **leicht**.
long, longue [lõ, lõg] *adj*	**lang**
▶ Les rideaux sont très **longs**.	▶ Die Vorhänge sind sehr **lang**.
lourd, lourde [luʀ, luʀd] *adj*	**schwer**
▶ Elle est **lourde**, cette boîte !	▶ Diese Schachtel ist aber **schwer**!
moderne [mɔdɛʀn] *adj m/f*	**modern**
▶ Vous avez un appartement très **moderne**.	▶ Ihr habt eine sehr **moderne** Wohnung.

neuf, neuve [nœf, nœv] *adj* **neu**
❯ Elle est **neuve**, ta voiture ? ❯ Ist dein Auto **neu**?

TIPP *Neuf* wird benutzt für die Bedeutung **noch nicht gebraucht, neuwertig**.

nouveau, nouvelle **neu**
[nuvo, nuvɛl] *adj*
❯ J'ai un **nouveau** livre. ❯ Ich habe ein **neues** Buch.

TIPP *Nouveau* wird benutzt für die Bedeutung **erneut** als Gegenteil von **ehemalig** oder für **zusätzlich**. Vor männlichen Substantiven mit Vokal oder stummem h am Anfang steht *nouvel*.

propre [pʀɔpʀ] *adj m/f* **sauber**
❯ La chambre n'est pas très ❯ Das Zimmer ist nicht sehr
  propre.   **sauber**.

vide [vid] *adj m/f* **leer**
❯ La bouteille est déjà **vide**. ❯ Die Flasche ist schon **leer**.

vieux, vieille [vjø, vjɛj] *adj* **alt**
❯ Vous avez une **vieille** ❯ Ihr habt ein **altes** Haus.
  maison.

TIPP Vor männlichen Substantiven mit Vokal oder stummem h am Anfang steht *vieil*.

la couleur [lakulœʀ] *n* **die Farbe**
❯ Je n'aime pas la **couleur** ❯ Ich mag die **Farbe** seines
  de sa voiture.   Autos nicht.

blanc, blanche [blɑ̃, blɑ̃ʃ] *adj* **weiß**
❯ Ce vin **blanc** est très bon. ❯ Dieser **Weiß**wein
                                   schmeckt sehr gut.

bleu, bleue [blø] *adj* ⟩ Elle a un pull **bleu**.	**blau** ⟩ Sie hat einen **blauen** Pulli.
gris, grise [gʀi, gʀiz] *adj* ⟩ Il a déjà des cheveux **gris** à trente ans.	**grau** ⟩ Er hat schon mit dreißig **graue** Haare.
jaune [ʒon] *adj m/f* ⟩ Elle a une valise **jaune**.	**gelb** ⟩ Sie hat einen **gelben** Koffer.
marron [maʀõ] *adj m/f* ⟩ Il a un manteau **marron**.	**braun** ⟩ Er hat einen **braunen** Mantel.
noir, noire [nwaʀ] *adj* ⟩ Cette chaise est **noire**.	**schwarz** ⟩ Dieser Stuhl ist **schwarz**.
rouge [ʀuʒ] *adj m/f* ⟩ Il a un pantalon **rouge**.	**rot** ⟩ Er hat eine **rote** Hose.
vert, verte [vɛʀ, vɛʀt] *adj* ⟩ Ces pommes sont encore **vertes**.	**grün** ⟩ Diese Äpfel sind noch **grün**.

ARBEIT UND FREIZEIT

Schule und Bildung

apprendre [apʀɑ̃dʀ] *v*
- Son amie veut **apprendre** le français en France.

lernen
- Seine Freundin will in Frankreich Französisch **lernen**.

le baccalauréat [ləbakaloʀea] *n*
- Elle a passé son **baccalauréat** l'année dernière.

das Abitur
- Letztes Jahr hat sie **Abitur** gemacht.

TIPP Oft benutzt man auch nur die Abkürzung *le bac*.

la classe [laklɑs] *n*
- La **classe** a vingt élèves.

die Klasse Schule
- Die **Klasse** hat zwanzig Schüler.

le cours [ləkuʀ] *n*
- Le lundi, je vais à un **cours** de français.
- Le **cours** d'anglais est très intéressant.

der Kurs, der Unterricht
- Montags besuche ich einen Französisch**kurs**.
- Der Englisch**unterricht** ist sehr interessant.

l'école [lekɔl] *n f*
- Ta fille va à l'**école** ?

die Schule
- Geht deine Tochter zur **Schule**?

l'élève [lelɛv] *n m/f* ❯ J'ai toujours été un mauvais **élève** jusqu'en sixième.	**der Schüler, die Schülerin** ❯ Bis zur sechsten Klasse war ich immer ein schlechter **Schüler**.
l'erreur [lerœr] *n f* ❯ Vous êtes sûr que vous n'avez pas fait d'**erreur** ?	**der Fehler** ❯ Sind Sie sicher, dass Sie keinen **Fehler** gemacht haben?
l'examen [lɛgzamɛ̃] *n m* ❯ Je n'ai qu'un seul **examen** à passer.	**die Prüfung** ❯ Ich muss nur eine **Prüfung** ablegen.
la faute [lafot] *n* ❯ Il parle bien, mais il fait des **fautes**.	**der Fehler** ❯ Er spricht gut, aber er macht **Fehler**.
le professeur [ləprɔfesœr] *n* ❯ Lui, c'est mon **professeur** de maths.	**der Lehrer** ❯ Der da, das ist mein Mathe**lehrer**.
la professeur [laprɔfesœr] *n* ❯ Elle est **professeur** de yoga.	**die Lehrerin** ❯ Sie ist Yoga**lehrerin**.

TIPP Oft benutzt man auch die Abkürzung *prof*.

l'université [lynivɛrsite] *n f* ❯ Après mon bac, je suis allé à l'**université**.	**die Universität** ❯ Nach meinem Abitur bin ich auf die **Universität** gegangen.

Sprachen

l'allemand [lalmã] *n m*
> Est-ce que l'**allemand** est difficile ?

Deutsch
> Ist **Deutsch** schwierig?

l'anglais [lɑ̃glɛ] *n m*
> Mes enfants apprennent l'**anglais** à l'école.

Englisch
> Meine Kinder lernen **Englisch** in der Schule.

l'espagnol [lɛspaɲɔl] *n m*
> Elle apprend l'**espagnol**.

Spanisch
> Sie lernt **Spanisch**.

le français [ləfʁɑ̃sɛ] *n*
> J'apprends le **français**.

Französisch
> Ich lerne **Französisch**.

le grec [ləgʁɛk] *n*
> Nous parlons le **grec** à la maison.

Griechisch
> Wir sprechen zu Hause **Griechisch**.

l'italien [litaljɛ̃] *n m*
> Je parle l'**italien** avec mon père.

Italienisch
> Ich spreche mit meinem Vater **Italienisch**.

le suédois [ləsɥedwa] *n*
> Je parle aussi le **suédois**.

Schwedisch
> Ich spreche auch **Schwedisch**.

le turc [lətyʁk] *n*
> Le **turc** ne ressemble pas du tout au grec.

Türkisch
> **Türkisch** ist ganz anders als Griechisch.

Arbeit und Beruf

le bureau [ləbyʀo] *n*, | das Büro
pl bureaux |
❱ Elle travaille dans un **bureau** au sixième étage. | ❱ Sie arbeitet in einem **Büro** im sechsten Stock.

difficile [difisil] *adj m/f* | schwierig
❱ Elle a un travail **difficile**. | ❱ Sie hat eine **schwierige** Arbeit.

facile [fasil] *adj m/f* | einfach, leicht
❱ C'est un travail très **facile**. | ❱ Das ist eine sehr **einfache** Arbeit.

faire dans la vie [fɛʀdɑ̃lavi] *v* | beruflich machen
❱ Qu'est-ce que vous **faites dans la vie** ? – Je suis médecin. | ❱ Was **machen** Sie **beruflich**? – Ich bin Ärztin.

le patron [ləpatʀɔ̃] *n* | der Chef
❱ Demandez au **patron** ! Le **patron** sait toujours tout. | ❱ Fragen Sie den **Chef**! Der **Chef** weiß immer alles.

la patronne [lapatʀɔn] *n* | die Chefin
❱ C'est elle la **patronne** du restaurant. | ❱ Sie ist die **Chefin** des Restaurants.

la retraite [laʀ(ə)tʀɛt] *n* | der Ruhestand
❱ Elle est à la **retraite** depuis un an. | ❱ Sie ist seit einem Jahr im **Ruhestand**.

le travail [lətʀavaj] *n*, | die Arbeit
pl travaux |
❱ Son père cherche du **travail**. | ❱ Sein Vater sucht **Arbeit**.

Arbeit und Beruf 67

travailler [tRavaje] *v*	**arbeiten**
❯ Je **travaille** tous les jours.	❯ Ich **arbeite** jeden Tag.
l'acteur [laktœR] *n m*	**der Schauspieler**
❯ Vous faites quoi dans la vie ? – Je suis **acteur**.	❯ Was sind Sie von Beruf? – Ich bin **Schauspieler**.
l'actrice [laktRis] *n f*	**die Schauspielerin**
❯ Elle veut être **actrice** plus tard.	❯ Sie will später **Schauspielerin** werden.
le coiffeur [ləkwafœR] *n*	**der Friseur**
❯ Tes cheveux sont trop longs. Va chez le **coiffeur** !	❯ Deine Haare sind zu lang. Geh zum **Friseur**!
la coiffeuse [lakwaføz] *n*	**die Friseurin**
❯ Sa mère est **coiffeuse**.	❯ Seine Mutter ist **Friseurin**.
le journaliste [ləʒuRnalist] *n*	**der Journalist**
❯ Son ami est **journaliste**.	❯ Ihr Freund ist **Journalist**.
la journaliste [laʒuRnalist] *n*	**die Journalistin**
❯ Elle est **journaliste** à la télévision.	❯ Sie ist Fernseh**journalistin**.
le médecin [ləmedsɛ̃] *n*	**der Arzt**
❯ Allez chez le **médecin** !	❯ Gehen Sie zum **Arzt**!
la médecin [lamedsɛ̃] *n*	**die Ärztin**
❯ C'est une très bonne **médecin**.	❯ Sie ist eine sehr gute **Ärztin**.
le policier [ləpɔlisje] *n*	**der Polizist**
❯ Son père est **policier**.	❯ Ihr Vater ist **Polizist**.
la policière [lapɔlisjɛR] *n*	**die Polizistin**
❯ Sa mère est **policière**.	❯ Seine Mutter ist **Polizistin**.

Feste und Feiertage

l'anniversaire [lanivɛRsɛR] *n m*
- Bon **anniversaire** !

der Geburtstag
- Alles Gute zum **Geburtstag**!

le carnaval [ləkaRnaval] *n*
- Vous venez au **carnaval** avec nous ?

der Fasching, der Karneval
- Kommt ihr mit uns zum **Karneval**?

la fête [lafɛt] *n*
- Demain, il y a une **fête** à l'école.

das Fest
- Morgen gibt es ein **Fest** in der Schule.

fêter [fete] *v*
- Son frère **fête** son anniversaire demain.

feiern
- Ihr Bruder **feiert** morgen Geburtstag.

Noël [nɔɛl] *n m*
- On passe **Noël** en famille.

Weihnachten
- Wir verbringen **Weihnachten** in der Familie.

Pâques [pɑk] *n f f pl*
- Joyeuses **Pâques** !

Ostern
- Frohe **Ostern**!

la Pentecôte [lapɑ̃tkot] *n*
- La **Pentecôte**, c'est cinquante jours après Pâques.

Pfingsten
- **Pfingsten** ist fünfzig Tage nach Ostern.

le réveillon [ləRevɛjɔ̃] *n*
- Tu fêtes le **réveillon** avec tes parents ?
- Qu'est-ce que tu fais au **réveillon** ?

Heiligabend, Silvester
- Feierst du **Heiligabend** mit deinen Eltern?
- Was machst du **Silvester**?

TIPP *Réveillon* bezeichnet den Silvesterabend und den Heiligabend und speziell das Festessen zu diesen beiden Anlässen.

la Saint-Sylvestre [lasɛ̃silvɛstʀ] *n*
- Nous allons chez des amis pour la **Saint-Sylvestre**.

Silvester
- **Silvester** gehen wir zu Freunden.

Freizeit und Sport

aller [ale] *v*
- Vous **allez** au musée ? – Oui, on **va** au Musée Picasso.

gehen
- **Geht** ihr ins Museum? – Ja, wir **gehen** ins Picasso-Museum.

l'appareil photo [lapaʀɛjfɔto] *n m*
- Ça, c'est mon nouvel **appareil photo**.

der Fotoapparat
- Das da ist mein neuer **Fotoapparat**.

le bar [ləbaʀ] *n*
- Ce **bar** est très sympa.

die Kneipe
- Diese **Kneipe** ist sehr nett.

le café [ləkafe] *n*
- On rentre dans ce **café** ?

das Lokal
- Gehen wir in dieses **Lokal**?

le cinéma [ləsinema] *n*
- On va au **cinéma** ce soir ?

das Kino
- Gehen wir heute Abend ins **Kino**?

TIPP Oft benutzt man auch die Abkürzung *ciné*.

l'excursion [lɛkskyʀsjɔ̃] *n f*
- Demain on fait une **excursion** en montagne.

der Ausflug
- Morgen machen wir einen **Ausflug** in die Berge.

le film [ləfilm] *n*
⟩ Il y a un bon **film** à la télé ce soir.

der Film
⟩ Heute Abend läuft ein guter **Film** im Fernsehen.

intéressant, intéressante [ɛ̃teʀesɑ̃, ɛ̃teʀesɑ̃t] *adj*
⟩ C'est un livre **intéressant**.

interessant
⟩ Das ist ein **interessantes** Buch.

lire [liʀ] *v*
⟩ Je n'ai plus le temps de **lire**.

lesen
⟩ Ich habe keine Zeit mehr zum **Lesen**.

monter [mɔ̃te] *v*
⟩ On **monte** sur la Tour Eiffel ?

besteigen
⟩ **Besteigen** wir den Eiffelturm?

la musique [lamyzik] *n*
⟩ J'aime la **musique** moderne.

die Musik
⟩ Ich mag moderne **Musik**.

la photo [lafɔto] *n*
⟩ Je peux prendre une **photo** ?

das Foto
⟩ Kann ich ein **Foto** machen?

la promenade [lapʀɔm(ə)nad] *n*
⟩ On fait une **promenade** ?

der Spaziergang
⟩ Machen wir einen **Spaziergang**?

le rendez-vous [ləʀɑ̃devu] *n*
⟩ Nous avons **rendez-vous** dans un café.

das Treffen, die Verabredung
⟩ Wir haben ein **Treffen** in einem Lokal abgemacht.

le roman [ləʀɔmɑ̃] *n*
⟩ Il aime bien lire les **romans** d'amour.

der Roman
⟩ Er liest gern Liebes**romane**.

le roman policier
[ləʀɔmãpɔlisje] *n*
› Je lis un **roman policier**.

der Krimi
› Ich lese einen **Krimi**.

le ballon [ləbalõ] *n*
› Elle a acheté un **ballon** pour que ses enfants jouent.

der Ball
› Sie hat einen **Ball** für ihre Kinder zum Spielen gekauft.

la balle [labal] *n*
› As tu une raquette et des **balles** pour jouer au tennis ?

der Ball
› Hast du einen Schläger und **Bälle** zum Tennisspielen?

TIPP Mit *balle* wird ein kleiner Ball wie der Tischtennis- oder Tennisball bezeichnet, mit *ballon* ein größerer Ball wie der Fuß- oder Handball.

faire [fɛʀ] *v*
› Vous **faites** du sport ? – De temps en temps.

machen
› **Machen** Sie Sport? – Ab und zu.

le football [ləfutbol] *n*
› Le **football** est un sport intéressant.

der Fußball
› **Fußball** ist ein interessanter Sport.

TIPP Oft benutzt man auch die Abkürzung *foot*.

la piscine [lapisin] *n*
› On va à la **piscine** ?

das Schwimmbad
› Gehen wir ins **Schwimmbad**?

le ski [ləski] *n*
› Vous faites du **ski** en hiver ?

der Ski
› Fahren Sie im Winter **Ski**?

le sport [ləspɔʀ] *n*
⟩ J'aime bien faire du **sport**.

der Sport
⟩ Ich treibe gern **Sport**.

le tennis [lətenis] *n*
⟩ Il y a un match de **tennis** à la télévision cet après-midi.

Tennis
⟩ Im Fernsehen gibt es heute Nachmittag ein **Tennis**spiel.

Urlaub und Reisen

l'auberge de jeunesse [lobɛʀʒdəʒœnɛs] *n f*
⟩ On passe la nuit à l'**auberge de jeunesse**.

die Jugendherberge

⟩ Wir übernachten in der **Jugendherberge**.

les bagages [lebagaʒ] *n m pl*
⟩ Tes **bagages** sont lourds.

das Gepäck
⟩ Dein **Gepäck** ist schwer.

la chambre [laʃɑ̃bʀ] *n*
⟩ Une **chambre** pour deux personnes, s'il vous plaît.

das Zimmer
⟩ Ein **Zimmer** für zwei Personen, bitte.

le circuit touristique [ləsiʀkɥituʀistik] *n*
⟩ Cet été, nous allons faire un **circuit touristique** à travers la Provence.

die Rundfahrt

⟩ Diesen Sommer machen wir eine **Rundfahrt** durch die Provence.

complet, complète [kɔ̃plɛ, kɔ̃plɛt] *adj*
⟩ L'hôtel est **complet**.

ausgebucht, voll belegt

⟩ Das Hotel ist **ausgebucht**.

Urlaub und Reisen

le départ [ledepaʀ] *n*

- Il faut acheter les billets avant le **départ** du train.
- Le **départ** est à dix-huit heures.
- Le jour de son **départ**, il a fait très beau.

die Abfahrt, der Abflug, die Abreise

- Man muss die Fahrkarten vor **Abfahrt** des Zugs kaufen.
- Der **Abflug** ist um achtzehn Uhr.
- Am Tag ihrer **Abreise** war das Wetter sehr schön.

la douche [laduʃ] *n*
- Désolés, on n'a pas de chambre avec **douche**.

die Dusche
- Tut uns leid, wir haben kein Zimmer mit **Dusche**.

le guide touristique [ləgidtuʀistik] *n*
- J'ai acheté un **guide touristique** de la région.

der Reiseführer Buch

- Ich habe einen **Reiseführer** über die Region gekauft.

l'hôtel [lotɛl] *n m*
- Je cherche un petit **hôtel** pas cher.

das Hotel
- Ich suche ein preiswertes kleines **Hotel**.

le passeport [ləpaspɔʀ] *n*
- Votre **passeport**, s'il vous plaît.

der Reisepass
- Ihren **Reisepass**, bitte.

la pension [lapɑ̃sjõ] *n*
- La chambre coûte cent euros, **pension** complète.

die Pension
- Das Zimmer kostet hundert Euro mit Voll**pension**.

le plan [ləplɑ̃] *n*
- Vous avez un **plan** de la ville ?

der Plan
- Haben Sie einen Stadt**plan**?

porter [pɔʀte] *v* — **tragen**
> Je peux vous aider à **porter** vos valises ?
> Kann ich Ihnen helfen, Ihre Koffer zu **tragen** ?

le syndicat d'initiative [ləsɛ̃dikadinisjativ] *n* — **das Fremdenverkehrsamt**
> Il y a des plans de la ville au **syndicat d'initiative**.
> Im **Fremdenverkehrsamt** gibt es Stadtpläne.

les vacances [levakɑ̃s] *n f pl* — **die Ferien**
> Où passez-vous vos **vacances** ?
> Wo macht ihr **Ferien**?

la valise [lavaliz] *n* — **der Koffer**
> Ma **valise** est trop lourde !
> Mein **Koffer** ist zu schwer!

visiter [vizite] *v* — **besichtigen**
> On va **visiter** la région.
> Wir gehen die Gegend **besichtigen**.

le voyage [ləvwajaʒ] *n* — **die Reise**
> Au revoir et bon **voyage** !
> Auf Wiedersehen und gute **Reise**!

ÖFFENTLICHES LEBEN

Einkaufen

acheter [aʃ(ə)te] *v*
- J'**achète** les fruits sur le marché.

kaufen
- Ich **kaufe** das Obst auf dem Markt.

Avec ça ? [aveksa] *phrase*
- Et **avec ça**, qu'est-ce que je vous sers ?

Sonst noch etwas?
- Darf es **sonst noch etwas** sein?

fermer [fɛʀme] *v*
- Vous **fermez** à quelle heure ?

schließen
- Um wie viel Uhr **schließen** Sie?

le magasin [ləmagazɛ̃] *n*
- Le **magasin** ouvre à neuf heures.

das Geschäft
- Das **Geschäft** öffnet um neun Uhr.

le marchand [ləmaʀʃɑ̃] *n*
- Le **marchand** de glace est toujours dans le parc.

der Verkäufer
- Der Eis**verkäufer** ist immer noch im Park.

la marchande [lamaʀʃɑ̃d] *n*

die Verkäuferin

le marché [ləmaʀʃe] *n*
- On va au **marché** ?

der Markt
- Gehen wir auf den **Markt**?

ouvrir [uvʀiʀ] *v*
- La banque **ouvre** à neuf heures.

öffnen
- Die Bank **öffnet** um neun Uhr.

vendre [vɑ̃dʀ] *v*
> On ne **vend** pas de cigarettes aux enfants !

verkaufen
> An Kinder **verkauft** man keine Zigaretten!

la vitrine [lavitʀin] *n*
> À Noël, les **vitrines** des grands magasins sont magnifiques.

das Schaufenster
> An Weihnachten sind die **Schaufenster** der Kaufhäuser wunderschön.

Geschäfte

le bar-tabac [ləbaʀtaba] *n*
> Pardon, je cherche un **bar-tabac** pour acheter des timbres.

der Tabakladen
> Entschuldigung, ich suche einen **Tabakladen**, um Briefmarken zu kaufen.

la boucherie [labuʃʀi] *n*
> Est-ce qu'il y a une bonne **boucherie** dans le quartier ?

die Metzgerei
> Gibt es eine gute **Metzgerei** im Viertel?

la boulangerie [labulɑ̃ʒʀi] *n*
> La **boulangerie** est à côté du bar-tabac.

die Bäckerei
> Die **Bäckerei** ist neben dem Tabakladen.

la charcuterie [laʃaʀkytʀi] *n*
> La **charcuterie** est au coin de la rue.

die Metzgerei
> Die **Metzgerei** ist an der Straßenecke.

> **TIPP** In einer *boucherie* kann man vor allem Rindfleisch kaufen, in einer *charcuterie* Schweinefleisch und Wurstwaren.

l'épicerie [lepisʀi] *n f*
> Est-ce qu'il y a une **épicerie** dans le coin ?

das Lebensmittelgeschäft
> Gibt es ein **Lebensmittelgeschäft** in der Nähe?

la librairie [lalibʀɛʀi] *n*	**die Buchhandlung**
❭ Il y a une bonne **librairie** près de chez moi.	❭ Bei mir in der Nähe gibt es eine gute **Buchhandlung**.
la pâtisserie [lapɑtisʀi] *n*	**die Konditorei**
❭ J'ai acheté ce gâteau à la **pâtisserie** du coin.	❭ Ich habe diesen Kuchen in der **Konditorei** an der Ecke gekauft.
la pharmacie [lafaʀmasi] *n*	**die Apotheke**
❭ La **pharmacie** est en face.	❭ Die **Apotheke** ist gegenüber.
le supermarché [ləsypɛʀmaʀʃe] *n*	**der Supermarkt**
❭ Une fois par mois, j'achète tout au **supermarché**.	❭ Einmal im Monat kaufe ich alles im **Supermarkt**.

Preise und Bezahlen

l'argent [laʀʒɑ̃] *n m*	**das Geld**
❭ Je n'ai plus d'**argent**. Je dois aller à la banque.	❭ Ich habe kein **Geld** mehr. Ich muss zur Bank gehen.
le billet [ləbijɛ] *n*	**der Schein** Geld
❭ Vous pouvez changer un **billet** de cent euros ?	❭ Können Sie einen Hundert-Euro-**Schein** wechseln?
la caisse [lakɛs] *n*	**die Kasse**
❭ Payez à la **caisse**, s'il vous plaît.	❭ Zahlen Sie bitte an der **Kasse**.

le centime [ləsãtim] *n*
› Tu as une pièce de cinquante **centimes** ?

der Cent
› Hast du ein Fünfzig-**Cent**-Stück?

cher, chère [ʃɛʀ] *adj*
› Comme les vacances sont **chèrs** !

teuer
› Wie **teuer** die Ferien sind!

combien [kõbjɛ̃] *adv*
› C'est **combien** ?
 – Cinquante euros, madame.

wie viel
› **Wie viel** macht das?
 – Fünfzig Euro.

coûter [kute] *v*
› Combien ça **coûte** ?

kosten
› Wie viel **kostet** das?

l'euro [løʀo] *n m*
› Combien ça fait ? – Ça fait cent **euros**.

der Euro
› Wie viel macht das? – Das macht hundert **Euro**.

Ça fait ... [safɛ] *phrase*
› **Ça fait** combien ? – **Ça fait** quinze euros.

Das kostet ...
› Wie viel **kostet das**? – **Das kostet** fünfzehn Euro.

la monnaie [lamɔnɛ] *n*
› Vous avez de la **monnaie** ?

das Kleingeld
› Haben Sie **Kleingeld**?

pas cher, pas chère [paʃɛʀ] *adj*
› Quinze euros pour ce vase ? C'est **pas cher**.

billig, preiswert
› Fünfzehn Euro für diese Vase? Das ist **billig**.

payer [peje] *v*
› Je peux **payer** avec une carte de crédit ?

zahlen
› Kann ich mit einer Kreditkarte **zahlen**?

la pièce [lapjɛs] *n*
❯ Vous avez une **pièce** de deux euros, s'il vous plaît ?

das Geldstück, die Münze
❯ Haben Sie eine Zwei-Euro-**Münze**, bitte?

le prix [ləpʀi] *n*
❯ Quel est le **prix** de cette voiture ?

der Preis
❯ Wie hoch ist der **Preis** für dieses Auto?

Gebäude und Sehenswürdigkeiten

le bâtiment [ləbatimɑ̃] *n*
❯ Et voilà la mairie, le plus grand **bâtiment** de la ville.

das Gebäude
❯ Und hier ist das Rathaus, das größte **Gebäude** der Stadt.

le centre-ville [ləsɑ̃tʀəvil] *n*
❯ J'habite au **centre-ville**.

die Stadtmitte
❯ Ich wohne in der **Stadtmitte**.

le château [ləʃato] *n*, *pl châteaux*
❯ Il habite à Versailles, près du **château**.

das Schloss

❯ Er wohnt in Versailles, in der Nähe des **Schlosses**.

l'église [legliz] *n f*
❯ J'aime bien visiter les **églises**.

die Kirche
❯ Ich besichtige gern **Kirchen**.

l'hôtel de ville [lotɛldəvil] *n m*
❯ Où se trouve l'**hôtel de ville** ?

das Rathaus
❯ Wo befindet sich das **Rathaus**?

la mairie [lameʀi] *n*
❯ La **mairie** est en face de l'église.

das Rathaus
❯ Das **Rathaus** ist gegenüber der Kirche.

> **TIPP** Ein *hôtel de ville* ist größer als eine *mairie*, die auch in einem kleinen Dorf sein kann.

le musée [ləmyze] *n*
❯ Les **musées** en France sont fermés le mardi.

das Museum
❯ In Frankreich sind die **Museen** dienstags geschlossen.

le parc [ləpaʀk] *n*
❯ On se promène souvent dans ce **parc**.

der Park
❯ Wir gehen oft in diesem **Park** spazieren.

la place [laplas] *n*
❯ Le théâtre est **place** du Général de Gaulle.

der Platz
❯ Das Theater ist am General-de-Gaulle-**Platz**.

le pont [ləpɔ̃] *n*
❯ Ce **pont** est très long.

die Brücke
❯ Diese **Brücke** ist sehr lang.

le port [ləpɔʀ] *n*
❯ Notre hôtel est près du **port**.

der Hafen
❯ Unser Hotel ist in der Nähe des **Hafens**.

le théâtre [ləteatʀ] *n*
❯ On va souvent au **théâtre**.

das Theater
❯ Wir gehen oft ins **Theater**.

la tour [latuʀ] *n*
❯ On monte sur la **tour** Eiffel ?

der Turm
❯ Steigen wir auf den Eiffel**turm**?

Auf der Straße und zu Fuß

l'autoroute [lotoʀut] *n f*
› Vous pouvez prendre l'**autoroute**. Ça va plus vite.

die Autobahn
› Ihr könnt die **Autobahn** nehmen. Das geht schneller.

demander [d(ə)mɑ̃de] *v*
› Nous **demandons** notre chemin à un agent de police.

fragen
› Wir **fragen** einen Polizisten nach dem Weg.

l'essence [lesɑ̃s] *n f*
› On n'a presque plus d'**essence**.

das Benzin
› Wir haben fast kein **Benzin** mehr.

le feu [ləfø] *n, pl feux*
› Allez jusqu'au **feu** et tournez à droite.

die Ampel
› Fahren Sie bis zur **Ampel** und biegen Sie rechts ab.

les gens [leʒɑ̃] *n m/f pl*
› Il y a beaucoup de **gens** dans les rues.

die Leute
› Es sind viele **Leute** auf den Straßen.

lentement [lɑ̃tmɑ̃] *adv*
› Il roule **lentement** à cause du brouillard.

langsam
› Er fährt **langsam** wegen des Nebels.

faire le plein [fɛʀləplɛ̃] *v*
› **Faites le plein**, s'il vous plaît.

volltanken
› Bitte **volltanken**!

Pour aller ... ? [puʀale] *phrase*
› **Pour aller** à la Tour Eiffel ? – Allez tout droit.

Wie komme ich ...?
› **Wie komme ich** zum Eiffelturm? – Gehen Sie geradeaus.

prendre [pRɑ̃dR] *v* — **nehmen**
› Vous **prenez** la première rue à droite. › **Nehmen** Sie die erste Straße rechts.

la route [laRut] *n* — **die Straße**
› Il y a beaucoup de voitures sur la **route**. › Es sind viele Autos auf der **Straße**.

la rue [laRy] *n* — **die Straße**
› Où est la boulangerie ? – Là-bas, au coin de la **rue**. › Wo ist die Bäckerei? – Dort hinten, an der **Straßenecke**.

> **TIPP** Mit *rue* ist allgemein die **Straße**, besonders in der Stadt, gemeint, im Gegensatz zu *route* für die **Landstraße**.

la sortie [lasɔRti] *n* — **die Ausfahrt**
› Il faut prendre la prochaine **sortie**. › Die nächste **Ausfahrt** müssen wir nehmen.

le stop [ləstɔp] *n* — **das Stoppschild**
› Tu ne t'es même pas arrêté au **stop** ! › Du hast nicht einmal beim **Stoppschild** angehalten!

le taxi [lətaksi] *n* — **das Taxi**
› Vous pouvez appeler un **taxi** ? › Können Sie ein **Taxi** rufen?

tourner [tuRne] *v* — **abbiegen**
› **Tournez** à gauche ! › **Biegen** Sie links **ab**!

la voiture [lavwatyR] *n* — **das Auto**
› Je viens en **voiture**. › Ich komme mit dem **Auto**.

Flugzeug, Bahn und Nahverkehr

l'aéroport [laerɔpɔr] *n m*
> On ira le chercher à l'**aéroport**.

der Flughafen
> Wir werden ihn am **Flughafen** abholen.

l'aller-retour [laleretur] *n m*
> Un **aller-retour** pour Paris, s'il vous plaît.

die Rückfahrkarte
> Eine **Rückfahrkarte** nach Paris, bitte.

l'aller simple [lalesɛ̃pl] *n m*
> Un **aller simple** pour Brest, s'il vous plaît.

die einfache Fahrkarte
> Eine **einfache Fahrkarte** nach Brest, bitte.

l'arrêt [laʀɛ] *n m*
> Pardon, où est l'**arrêt** de bus ?

die Haltestelle
> Entschuldigung, wo ist die Bus**haltestelle**?

s'arrêter [saʀɛte] *v/ref*
> Où s'**arrête** le train ?

anhalten
> Wo **hält** der Zug **an**?

l'arrivée [laʀive] *n f*
> L'**arrivée** du train est à six heures.

die Ankunft
> Die **Ankunft** des Zuges ist um sechs Uhr.

arriver [aʀive] *v*
> Dans un quart d'heure, nous **arrivons** à Strasbourg.

ankommen
> In einer Viertelstunde **kommen** wir in Straßburg **an**.

l'autobus [lotobys] *n m*
> Tu prends l'**autobus** ou le métro ?

der Bus
> Fährst du mit dem **Bus** oder mit der U-Bahn?

TIPP Oft benutzt man auch die Abkürzung *bus*.

l'avion [lavjõ] *n m*	**das Flugzeug**
❯ Prenez l'**avion** !	❯ Nehmen Sie das **Flugzeug**!
le billet [ləbijɛ] *n*	**das Ticket**
❯ Un **billet** d'avion pour Paris, s'il vous plaît.	❯ Ein Flug**ticket** nach Paris, bitte.
changer [ʃɑ̃ʒe] *v*	**umsteigen**
❯ Pour aller à Nice, il faut **changer** à Lyon.	❯ Um nach Nizza zu kommen, muss man in Lyon **umsteigen**.
la classe [laklɑs] *n*	**die Klasse**
❯ Quand vous prenez le train, vous voyagez en première **classe** ?	❯ Wenn Sie den Zug nehmen, reisen Sie erster **Klasse**?
le contrôleur [ləkõtʀolœʀ] *n*	**der Schaffner**
❯ Il y avait plusieurs **contrôleurs** dans le train.	❯ Im Zug waren mehrere **Schaffner**.
la correspondance [lakɔʀɛspõdɑ̃s] *n*	**der Anschluss**
❯ A quelle heure est-ce qu'il y a une **correspondance** pour Lyon ?	❯ Um wie viel Uhr gibt es einen **Anschluss** nach Lyon?
descendre [desɑ̃dʀə] *v*	**aussteigen**
❯ Je **descends** avec vous.	❯ Ich **steige** mit Ihnen **aus**.
direct, directe [diʀɛkt] *adj*	**direkt**
❯ C'est un train **direct** pour Marseille.	❯ Das ist ein **Direkt**zug nach Marseille.

la gare [lagaʀ] *n*	**der Bahnhof**
▸ Nous arrivons à la **gare** du Nord.	▸ Wir kommen am Nord**bahnhof** an.
le métro [ləmetʀo] *n*	**die U-Bahn**
▸ Voilà la station de **métro**.	▸ Da ist die **U-Bahn**-Station.
partir [paʀtiʀ] *v*	**abfahren**
▸ Vite, le train va **partir** !	▸ Schnell, der Zug **fährt ab**!
passer par [pasepaʀ] *v*	**fahren durch**
▸ Le train **passe par** Grenoble.	▸ Der Zug **fährt durch** Grenoble.
prendre [pʀɑ̃dʀ] *v*	**nehmen**
▸ Je **prends** toujours le train de dix-sept heures pour rentrer chez moi.	▸ Ich **nehme** immer den Siebzehn-Uhr-Zug, um nach Hause zu fahren.
réserver [ʀezɛʀve] *v*	**reservieren**
▸ **Réservez** des places dans le train !	▸ **Reservieren** Sie Plätze im Zug!
le retard [ləʀ(ə)taʀ] *n*	**die Verspätung**
▸ Le train a un **retard** de vingt minutes.	▸ Der Zug hat eine **Verspätung** von zwanzig Minuten.
le ticket [lətikɛ] *n*	**die Fahrkarte**
▸ Votre **ticket**, s'il vous plaît !	▸ Ihre **Fahrkarte**, bitte!
le train [lətʀɛ̃] *n*	**der Zug**
▸ Arrivée du **train** à dix-sept heures.	▸ Ankunft des **Zuges** um siebzehn Uhr.

Öffentlicher und privater Service

la banque [labɑ̃k] *n*
› La **banque** est en face.

die Bank
› Die **Bank** ist gegenüber.

le bureau de change [ləbyʀodəʃɑ̃ʒ] *n, pl bureaux de change*
› Il y a des **bureaux de change** à la gare.

die Wechselstube
› Es gibt **Wechselstuben** am Bahnhof.

le bureau de poste [ləbyʀod(ə)pɔst] *n, pl bureaux de poste*
› Le **bureau de poste** est à côté de la gare.

das Postamt
› Das **Postamt** ist neben dem Bahnhof.

changer [ʃɑ̃ʒe] *v*
› On peut **changer** de l'argent ici ?

wechseln
› Kann man hier Geld **wechseln**?

le consulat [ləkɔ̃syla] *n*
› Où est le **consulat** de France ?

das Konsulat
› Wo ist das französische **Konsulat**?

le guichet [ləgiʃɛ] *n*
› Le **guichet** ferme bientôt.

der Schalter
› Der **Schalter** schließt bald.

l'information [lɛ̃fɔʀmasjɔ̃] *n f*
› Où est le bureau d'**informations** ?

die Information
› Wo ist das **Informations**büro?

l'office de tourisme [lɔfisdəturism] *n m*
› L'**office de tourisme** est en face de la boulangerie.

das Fremdenverkehrsamt
› Das **Fremdenverkehrsamt** ist gegenüber der Bäckerei.

la police [lapɔlis] *n*	**die Polizei**
❯ Appelez la **police** !	❯ Rufen Sie die **Polizei**!
la poste [lapɔst] *n*	**die Post**
❯ Où est la **poste**, s'il vous plaît ?	❯ Wo bitte ist die **Post**?
le renseignement [lərɑ̃sɛɲmɑ̃] *n*	**die Auskunft**
❯ Je voudrais un **renseignement**, s'il vous plaît.	❯ Ich hätte gern eine **Auskunft**, bitte.

ESSEN UND TRINKEN

Nahrungsmittel und Obst

la banane [labanan] *n*
› Je n'aime pas les **bananes** qui sont encore vertes.

die Banane
› Ich mag keine **Bananen**, die noch grün sind.

le beurre [ləbœʀ] *n*
› Tu peux me passer le **beurre**, s'il te plaît ?

die Butter
› Kannst du mir bitte die **Butter** reichen?

la choucroute [laʃukʀut] *n*
› Ce soir, on mange de la **choucroute**.

das Sauerkraut
› Heute Abend essen wir **Sauerkraut**.

la confiture [lakõfityʀ] *n*
› Le matin au petit-déjeuner, tu prends du pain et de la **confiture** ?

die Marmelade
› Isst du morgens zum Frühstück Brot mit **Marmelade**?

le croissant [ləkʀwasɑ̃] *n*
› Le dimanche, nous mangeons des **croissants** au petit-déjeuner.

das Croissant, das Hörnchen
› Sonntags essen wir **Croissants** zum Frühstück.

les frites [lefʀit] *n f pl*
› Tu veux encore des **frites** ?

Pommes
› Magst du noch **Pommes**?

le fromage [ləfʀɔmaʒ] *n* ⟩ Vous prenez du **fromage** ou un dessert ?	**der Käse** ⟩ Nehmen Sie **Käse** oder eine Nachspeise?
les fruits [lefʀɥi] *n m pl* ⟩ Je mange des **fruits** au dessert.	**das Obst** ⟩ Ich esse **Obst** zum Nachtisch.
le gâteau [ləgato] *n,* *pl gâteaux* ⟩ Je fais un **gâteau** pour dimanche.	**der Kuchen** ⟩ Ich backe für Sonntag einen **Kuchen**.
la glace [laglas] *n* ⟩ On prend une **glace** comme dessert ?	**das Eis** ⟩ Nehmen wir ein **Eis** zum Nachtisch?
le légume [ləlegym] *n* ⟩ Qu'est-ce qu'on prend comme **légumes** ?	**das Gemüse** ⟩ Was nehmen wir für **Gemüse**?
l'œuf [lœf] *n m* ⟩ Il mange un **œuf** dur.	**das Ei** ⟩ Er isst ein hart gekochtes **Ei**.
l'orange [lɔʀɑ̃ʒ] *n f* ⟩ Il mange une **orange**.	**die Apfelsine** ⟩ Er isst eine **Apfelsine**.
le pain [ləpɛ̃] *n* ⟩ Vous voulez du **pain** ?	**das Brot** ⟩ Möchten Sie **Brot**?
la poire [lapwaʀ] *n* ⟩ Aujourd'hui il y avait des **poires** au dessert.	**die Birne** ⟩ Heute gab es **Birnen** zum Nachtisch.

Nahrungsmittel und Obst

le poisson [ləpwasõ] *n*
› On mange toujours du **poisson** le vendredi.

der Fisch
› Freitags essen wir immer **Fisch**.

le poivre [ləpwavʀ] *n*
› Passe-moi le **poivre**, s'il te plaît.

der Pfeffer
› Reich mir bitte den **Pfeffer**.

la pomme [lapɔm] *n*
› Il faut manger une **pomme** tous les jours. C'est bon pour la santé.

der Apfel
› Man sollte jeden Tag einen **Apfel** essen. Das ist gut für die Gesundheit.

la pomme de terre [lapɔmdətɛʀ] *n*
› Tu prends un kilo de **pommes de terre**.

die Kartoffel
› Du nimmst ein Kilo **Kartoffeln**.

le poulet [ləpulɛ] *n*
› Je prends du **poulet** avec des frites et une salade verte.

das Hühnchen
› Ich nehme **Hühnchen** mit Pommes und einen grünen Salat.

la salade [lasalad] *n*
› Une **salade** de fruits, s'il vous plaît.

der Salat
› Einen Obst**salat**, bitte.

le sandwich [ləsãdwitʃ] *n*
› Un **sandwich** au thon, s'il vous plaît.

das Sandwich
› Ein Thunfisch**sandwich**, bitte.

le sel [ləsɛl] *n*
› Il y a trop de **sel** dans la soupe.

das Salz
› Es ist zu viel **Salz** in der Suppe.

la soupe [lasup] *n*	**die Suppe**
❯ Vous prenez une **soupe** ?	❯ Nehmen Sie eine **Suppe**?
le sucre [ləsykʀ] *n*	**der Zucker**
❯ Du **sucre** ? – Non, merci.	❯ **Zucker**? – Nein, danke.
le thon [lətõ] *n*	**der Thunfisch**
❯ Le **thon**, c'est bon !	❯ **Thunfisch** schmeckt gut.
la tomate [latɔmat] *n*	**die Tomate**
❯ Je prends une salade de **tomates**.	❯ Ich nehme einen **Tomaten**salat.
la viande [lavjɑ̃d] *n*	**das Fleisch**
❯ Je ne mange pas de **viande**.	❯ Ich esse kein **Fleisch**.

Getränke

la bière [labjɛʀ] *n*	**das Bier**
❯ Moi, je prends une **bière**. Et vous ? – Moi aussi.	❯ Ich nehme ein **Bier**. Und Sie? – Ich auch.
la boisson [labwasõ] *n*	**das Getränk**
❯ Les **boissons** sont sur la table.	❯ Die **Getränke** sind auf dem Tisch.
le café [ləkafe] *n*	**der Kaffee**
❯ Ton **café** est un peu fort.	❯ Dein **Kaffee** ist ein bisschen stark.
le chocolat [ləʃɔkɔla] *n*	**die Schokolade**
❯ Je prends un **chocolat** chaud.	❯ Ich nehme eine heiße **Schokolade**.

l'eau [lo] *n f, pl eaux* ❯ Vous voulez quelque chose à boire ? – Un verre d'**eau**, s'il vous plaît.	**das Wasser** ❯ Möchten Sie etwas zu trinken haben? – Ein Glas **Wasser**, bitte.
l'eau minérale [lomineʀal] *n f, pl eaux minérales* ❯ Une **eau minérale**, s'il vous plaît !	**das Mineralwasser** ❯ Ein **Mineralwasser**, bitte!
le jus [ləʒy] *n* ❯ Un **jus** de pomme, s'il vous plaît.	**der Saft** ❯ Einen Apfel**saft** bitte.
le lait [ləlɛ] *n* ❯ Le matin, je prends du café au **lait**.	**die Milch** ❯ Morgens nehme ich **Milch**kaffee.
le thé [ləte] *n* ❯ Un **thé** au citron, s'il vous plaît.	**der Tee** ❯ Einen **Tee** mit Zitrone, bitte.
le vin [ləvɛ̃] *n* ❯ Vous aimez le **vin** rouge ?	**der Wein** ❯ Mögen Sie Rot**wein**?

Zu Tisch

l'appétit [lapeti] *n m*
⟩ Bon **appétit** !

der Appetit
⟩ Guten **Appetit**!

---

manger [mɑ̃ʒe] *v*
⟩ J'aime bien **manger**.

essen
⟩ Ich **esse** gern.

---

mettre la table [mɛtRəlatabl] *v*
⟩ Tu **mets la table** dans le jardin, s'il te plaît ?

den Tisch decken
⟩ **Deckst** du **den Tisch** bitte im Garten?

---

passer [pɑse] *v*
⟩ Tu me **passes** la salade, s'il te plaît ?

reichen
⟩ **Reichst** du mir den Salat, bitte?

---

le repas [ləRəpa] *n*
⟩ Qui prépare le **repas** ce soir ?

das Essen
⟩ Wer bereitet heute Abend das **Essen** zu?

---

le déjeuner [ledeʒœne] *n*
⟩ Le **déjeuner** est servi entre midi et 14 heures.

das Mittagessen
⟩ Das **Mittagessen** wird zwischen zwölf und vierzehn Uhr serviert.

---

le petit déjeuner [ləp(ə)tideʒœne] *n*
⟩ On sert le **petit déjeuner** à sept heures.

das Frühstück
⟩ Um sieben Uhr gibt es **Frühstück**.

---

déjeuner [deʒœne] *v*
⟩ On **déjeune** au restaurant ?

zu Mittag essen
⟩ **Essen** wir im Restaurant **zu Mittag**?

le dessert [ladesɛʀ] *n*
> Qu'est-ce que vous prenez comme **dessert** ?

der Nachtisch
> Was nehmen Sie zum **Nachtisch**?

le dîner [ladine] *n*
> Le **dîner** est servi !

das Abendessen
> Das **Abendessen** ist angerichtet!

dîner [dine] *v*
> On **dîne** au restaurant ce soir.

zu Abend essen
> Heute **essen** wir im Restaurant **zu Abend**.

l'addition [ladisjõ] *n f*
> Garçon, l'**addition**, s'il vous plaît !

die Rechnung
> Herr Ober, die **Rechnung** bitte!

le garçon [lagaʀsõ] *n*
> Tu peux appeler le **garçon** ?

der Kellner, der Ober
> Kannst du den **Ober** rufen?

le menu [ləməny] *n*
> Qu'est-ce qu'il y a au **menu** ?

die Speisekarte
> Was steht auf der **Speisekarte**?

le pourboire [ləpuʀbwaʀ] *n*
> On laisse un **pourboire** ?

das Trinkgeld
> Geben wir **Trinkgeld**?

le restaurant [ləʀɛstɔʀɑ̃] *n*
> Allons dîner au **restaurant** ce soir !

das Restaurant
> Lass uns heute im **Restaurant** zu Abend essen!

le service [ləsɛʀvis] *n*
> Le **service** est compris dans le prix.

die Bedienung
> Die **Bedienung** ist im Preis inbegriffen.

l'assiette [lasjɛt] *n f* ❱ Tu mets une **assiette** sur la table pour le dessert, s'il te plaît ?	**der Teller** ❱ Stellst du bitte einen **Teller** für den Nachtisch auf den Tisch?
le couteau [ləkuto] *n, pl couteaux* ❱ Tu as un bon **couteau** pour couper le pain ?	**das Messer** ❱ Hast du ein gutes **Messer** zum Brotschneiden?
le couvert [ləkuvɛʀ] *n* ❱ Où est le **couvert** ?	**das Besteck** ❱ Wo ist das **Besteck**?
la cuillère [lakɥijɛʀ] *n* *auch la cuiller* ❱ Où sont les **cuillères** à café ?	**der Löffel** ❱ Wo sind die Tee**löffel**?
la fourchette [lafuʀʃɛt] *n* ❱ Garçon, je n'ai pas de **fourchette**.	**die Gabel** ❱ Herr Ober, ich habe keine **Gabel**.
la tasse [lɑtɑs] *n* ❱ Une **tasse** de café, s'il vous plaît.	**die Tasse** ❱ Eine **Tasse** Kaffee, bitte.
le verre [ləvɛʀ] *n* ❱ Apportez-moi un **verre** d'eau, s'il vous plaît.	**das Glas** ❱ Bringen Sie mir bitte ein **Glas** Wasser.

NATUR UND UMWELT

Landschaften, Städte und Regionen

la campagne [lakɑ̃paɲ] *n*
- On passe le week-end à la **campagne**.

das Land
- Wir verbringen das Wochenende auf dem **Land**.

le centre [ləsɑ̃tʀ] *n*
- Le **centre** de la France, c'est Paris.

das Zentrum
- Das **Zentrum** Frankreichs ist Paris.

la forêt [lafɔʀɛ] *n*
- Il y a une **forêt** en face de chez nous.

der Wald
- Gegenüber von uns ist ein **Wald**.

la mer [lamɛʀ] *n*
- Je passe toujours mes vacances à la **mer**.

das Meer
- Ich verbringe meine Ferien immer am **Meer**.

le monde [ləmɔ̃d] *n*
- Le **monde** est petit.

die Welt
- Die **Welt** ist klein.

la montagne [lamɔ̃taɲ] *n*
- Regarde ! Il a neigé cette nuit et la **montagne** est toute blanche.

die Berge, das Gebirge
- Schau! Es hat heute Nacht geschneit und die **Berge** sind ganz weiß.

Landschaften, Städte und Regionen

la nature [lanatyʀ] *n*
▸ On aime bien passer des vacances dans la **nature** la plus sauvage.

die Natur
▸ Wir verbringen den Urlaub gern in der wildesten **Natur**.

le pays [ləpei] *n*
▸ Vous venez de quel **pays** ?

das Land
▸ Aus welchem **Land** kommen Sie?

la plage [laplaʒ] *n*
▸ Il y a beaucoup de monde sur la **plage**.

der Strand
▸ Es sind viele Leute am **Strand**.

la région [laʀeʒjɔ̃] *n*
▸ C'est une très belle **région**.

die Gegend, die Region
▸ Das ist eine sehr schöne **Gegend**.

la place [laplas] *n*
▸ J'habite **place** de la Liberté.

der Platz
▸ Ich wohne am **Platz** der Freiheit.

le quartier [ləkaʀtje] *n*
▸ Il y a beaucoup de chiens dans ce **quartier**.

das Stadtviertel
▸ In diesem **Stadtviertel** gibt es viele Hunde.

le village [ləvilaʒ] *n*
▸ Il habite dans un petit **village** en Normandie.

das Dorf
▸ Er wohnt in einem kleinen **Dorf** in der Normandie.

la ville [lavil] *n*
▸ J'habite dans une grande **ville**.

die Stadt
▸ Ich wohne in einer großen **Stadt**.

Tiere und Pflanzen

l'animal [lanimal] *n m*, *pl animaux*
- J'aime beaucoup les **animaux** sauvages.

das Tier
- Ich liebe wilde **Tiere** sehr.

l'araignée [laʁeɲe] *n f*
- La dernière nuit, j'ai vu une **araignée** sous mon lit.

die Spinne
- Letzte Nacht habe ich eine **Spinne** unter meinem Bett gesehen.

le chat [ləʃa] *n*
- Nos voisins ont deux **chats**.

die Katze
- Unsere Nachbarn haben zwei **Katzen**.

le cheval [ləʃ(ə)val] *n*, *pl chevaux*
- Les animaux que je préfère sont les **chevaux**.

das Pferd
- Meine Lieblingstiere sind **Pferde**.

le chien [ləʃjɛ̃] *n*
- J'aime bien les grands **chiens**.

der Hund
- Ich mag große **Hunde**.

le cochon [ləkɔʃɔ̃] *n*
- Le **cochon** est un animal très intelligent.

das Schwein
- Das **Schwein** ist ein sehr intelligentes Tier.

le coq [ləkɔk] *n*
- Pourquoi le **coq** chante-t-il le matin à la même heure?

der Hahn
- Warum kräht der **Hahn** jeden Morgen zur selben Zeit?

le lapin [ləlapɛ̃] *n*
- Quelle est la couleur de ton **lapin**?

das Kaninchen
- Welche Farbe hat dein **Kaninchen**?

le lion [ləljõ] *n*	**der Löwe**
❯ Le **lion** est le roi des animaux.	❯ Der **Löwe** ist der König der Tiere.
le loup [ləlu] *n*	**der Wolf**
❯ Ces derniers jours, on a vu un **loup** dans la montagne.	❯ In den letzten Tagen wurde ein **Wolf** in den Bergen gesehen.
la mouche [lamuʃ] *n*	**die Fliege**
❯ Regarde, une **mouche** !	❯ Schau mal, eine **Fliege**!
l'ours [luʀs] *n m*	**der Bär**
❯ Je trouve le petit **ours** très mignon.	❯ Ich finde den kleinen **Bären** sehr süß.
la poule [lapul] *n*	**das Huhn**
❯ Pourquoi ma **poule** ne pond jamais des œufs ?	❯ Warum legt mein **Huhn** nie Eier?
la souris [lasuʀi] *n*	**die Maus**
❯ Elle a une peur terrible des **souris**.	❯ Sie hat schreckliche Angst vor **Mäusen**.
le tigre [lətigʀ] *n*	**der Tiger**
❯ Il ne faut pas caresser les **tigres** au zoo.	❯ Man darf die **Tiger** im Zoo nicht streicheln.
la vache [lavaʃ] *n*	**die Kuh**
❯ Mes parents ont au Pays de Galles une petite ferme avec quelques **vaches**.	❯ Meine Eltern haben in Wales einen kleinen Bauernhof mit einigen **Kühen**.

l'arbre [laʀbʀ] *n m*
› Les voisins ont quelques **arbres** dans leur jardin.

der Baum
› Die Nachbarn haben in ihrem Garten einige **Bäume**.

---

le blé [ləble] *n*
› Il faut du **blé** pour faire de la farine.

der Weizen
› Man braucht **Weizen**, um Mehl zu machen.

---

le champignon [ləʃɑ̃piɲɔ̃] *n*
› Je prends les **champignons** poêlés.

der Pilz
› Ich nehme die gebratenen **Pilze**.

---

le chêne [ləʃɛn] *n*
› Le **chêne** est un arbre typique de l'Allemagne.

die Eiche
› Die **Eiche** ist ein typisch deutscher Baum.

---

la feuille [lafœj] *n*
› Les **feuilles** tombent déjà.

das Blatt
› Die **Blätter** fallen schon.

---

la fleur [laflœʀ] *n*
› Tu aimes quoi comme **fleurs** ?

die Blume
› Was für **Blumen** magst du?

---

la plante [laplɑ̃t] *n*
› Elle m'a donné une **plante** verte pour ma cuisine.

die Pflanze
› Sie hat mir eine Grünpflanze für meine Küche gegeben.

---

la rose [laʀoz] *n*
› Le jardin de mes parents est plein de **roses**.

die Rose
› Der Garten meiner Eltern ist voller **Rosen**.

---

le sapin [ləsapɛ̃] *n*
› Ce **sapin** est vraiment très beau.

die Tanne
› Diese **Tanne** ist wirklich sehr schön.

Wetter und Klima

agréable [agʀeabl] *adj m/f*
❱ Le temps est **agréable** ici.

angenehm
❱ Das Wetter ist **angenehm** hier.

---

la chaleur [laʃalœʀ] *n*
❱ Quelle **chaleur** aujourd'hui !

die Hitze
❱ Was ist das heute für eine **Hitze**!

---

le degré [lədəgʀe] *n*
❱ Il fait vingt-deux **degrés** à Nantes.

der Grad
❱ In Nantes sind es zweiundzwanzig **Grad**.

---

mauvais, mauvaise [mɔvɛ, mɔvɛz] *adj*
❱ Quel **mauvais** temps !

schlecht
❱ Was für ein **schlechtes** Wetter!

---

la neige [lanɛʒ] *n*
❱ Il y a beaucoup de **neige** sur les routes.

der Schnee
❱ Es liegt viel **Schnee** auf den Straßen.

---

neiger [nɛʒe] *v*
❱ Il a **neigé** toute la nuit.

schneien
❱ Es hat die ganze Nacht **geschneit**.

---

la pluie [laplɥi] *n*
❱ La **pluie** a cessé.

der Regen
❱ Der **Regen** hat aufgehört.

---

pleuvoir [pløvwaʀ] *v*
❱ Comme il a commencé à **pleuvoir**, nous sommes rentrés à la maison.

regnen
❱ Da es anfing zu **regnen**, sind wir nach Hause gegangen.

---

le soleil [ləsɔlɛj] *n*
❱ Il y a du **soleil** aujourd'hui.

die Sonne
❱ Heute scheint die **Sonne**.

le temps [lətɑ̃] *n*	**das Wetter**
❯ Il fait quel **temps** aujourd'hui ?	❯ Was ist heute für ein **Wetter**?
le vent [ləvɑ̃] *n*	**der Wind**
❯ Aujourd'hui, le **vent** est très froid.	❯ Heute ist der **Wind** sehr kalt.
faire beau [fɛrbo] *v*	**schön sein**
❯ Aujourd'hui, il **fait beau**.	❯ Heute **ist** es **schön**.
faire bon [fɛrbõ] *v*	**mild sein**
❯ Ce soir, il **fait bon**.	❯ Heute Abend **ist** es **mild**.
faire chaud [fɛrʃo] *v*	**warm sein**
❯ Il ne **fait** pas **chaud** aujourd'hui.	❯ Heute **ist** es nicht **warm**.
faire zéro [fɛrzero] *v*	**null Grad sein**
❯ Ce matin, il **fait zéro**.	❯ Heute Vormittag **sind** es **null Grad**.
faire froid [fɛrfrwa] *v*	**kalt sein**
❯ Il **fait froid** ici !	❯ Es **ist kalt** hier!

DIE ZEIT

Jahreszeiten und Monate

la saison [lasεzõ] *n*	**die Jahreszeit**
❭ L'hiver est une **saison** froide.	❭ Der Winter ist eine kalte **Jahreszeit**.
le printemps [ləpRɛ̃tã] *n*	**der Frühling**
❭ Au **printemps**, il y a beaucoup de vent.	❭ Im **Frühling** ist es sehr windig.
l'été [lete] *n m*	**der Sommer**
❭ En **été**, il fait très sec dans le Midi.	❭ Im **Sommer** ist es in Südfrankreich sehr trocken.
l'automne [lotɔn] *n m*	**der Herbst**
❭ Il fait encore bon en **automne**.	❭ Es ist noch mild im **Herbst**.
l'hiver [livεR] *n m*	**der Winter**
❭ Il neige en **hiver** ici ?	❭ Schneit es hier im **Winter**?
janvier [ʒãvje] *n m*	**der Januar**
❭ Il rentre en **janvier**.	❭ Er kommt im **Januar** zurück.

TIPP Monatsnamen stehen immer ohne Artikel, außer beim Datum.

février [fevʀije] *n m*
› On écrit la date en haut à droite : Paris, le 4 **février** 2006.

der Februar
› Wir schreiben das Datum rechts oben hin: Paris, den 4. **Februar** 2006.

mars [maʀs] *n m*
› En **mars**, quel temps fait-il ?

der März
› Wie ist das Wetter im **März**?

avril [avʀil] *n m*
› En **avril**, elle a son anniversaire.

der April
› Im **April** hat sie Geburtstag.

mai [mɛ] *n m*
› J'aime bien le mois de **mai**.

der Mai
› Ich mag den Monat **Mai**.

juin [ʒɥɛ̃] *n m*
› Vous êtes en vacances en **juin** ?

der Juni
› Seid ihr im **Juni** in den Ferien?

juillet [ʒɥijɛ] *n m*
› La Fête nationale française, c'est le quatorze **juillet**.

der Juli
› Der französische Nationalfeiertag ist der 14. **Juli**.

août [u(t)] *n m*
› Combien de jours a le mois d'**août** ?

der August
› Wie viele Tage hat der **August**?

septembre [sɛptɑ̃bʀ] *n m*
› L'école commence en **septembre**.

der September
› Die Schule beginnt im **September**.

octobre [ɔktɔbʀ] *n m*
› Mon fils vient en **octobre**.

der Oktober
› Mein Sohn kommt im **Oktober**.

novembre [nɔvɑ̃bʀ] *n m*
❭ En **novembre**, il fait froid.

der November
❭ Im **November** ist es kalt.

décembre [desɑ̃bʀ] *n m*
❭ **Décembre** est le dernier mois de l'année.

der Dezember
❭ Der **Dezember** ist der letzte Monat des Jahres.

Wochentage

lundi [lœ̃di] *n m*
❭ On va au ciné **lundi** soir.

der Montag
❭ Wir gehen am **Montag**abend ins Kino.

le lundi [ləlœ̃di] *adv*
❭ **Le lundi**, je joue au football.

montags
❭ **Montags** spiele ich Fußball.

mardi [maʀdi] *n m*
❭ **Mardi**, on va chez le médecin.

Dienstag
❭ Am **Dienstag** gehen wir zum Arzt.

le mardi [ləmaʀdi] *adv*
❭ **Le mardi**, je regarde la télé.

dienstags
❭ **Dienstags** sehe ich fern.

mercredi [mɛʀkʀədi] *n m*
❭ Qu'est-ce que vous faites **mercredi** après-midi ?

der Mittwoch
❭ Was macht ihr am **Mittwoch**nachmittag?

le mercredi [ləmɛʀkʀədi] *adv*
❭ D'habitude **le mercredi**, il ne travaille pas.

mittwochs
❭ Normalerweise arbeitet er **mittwochs** nicht.

jeudi [ʒødi] *n m* ❱ **Jeudi**, c'est mon anniversaire.	**der Donnerstag** ❱ Am **Donnerstag** ist mein Geburtstag.
le jeudi [lə ʒødi] *adv* ❱ **Le jeudi** ils travaillent.	**donnerstags** ❱ **Donnerstags** arbeiten sie.
vendredi [vɑ̃dʀədi] *n m* ❱ **Vendredi**, je suis libre.	**der Freitag** ❱ Am **Freitag** habe ich Zeit.
le vendredi [lə vɑ̃dʀədi] *adv* ❱ **Le vendredi** matin, je vais au sport.	**freitags** ❱ **Freitags** vormittags gehe ich zum Sport.
samedi [samdi] *n m* ❱ On se voit **samedi**. C'est d'accord ?	**der Samstag** ❱ Wir treffen uns am **Samstag**. Einverstanden?
le samedi [lə samdi] *adv* ❱ Je fais du jogging **le samedi** matin.	**samstags** ❱ Ich jogge **samstags** morgens.
dimanche [dimɑ̃ʃ] *n m* ❱ On va à la campagne **dimanche**.	**der Sonntag** ❱ Wir fahren am **Sonntag** aufs Land.
le dimanche [lə dimɑ̃ʃ] *adv* ❱ **Le dimanche**, je fais du sport.	**sonntags** ❱ **Sonntags** treibe ich Sport.

Tageszeiten

le matin [ləmatɛ̃] *n* ▸ Ce **matin**, je me suis levé à six heures. ▸ Il est arrivé ce **matin**.	**der Morgen, der Vormittag** ▸ Heute **Morgen** bin ich um sechs Uhr aufgestanden. ▸ Er ist heute **Vormittag** angekommen.
le midi [ləmidi] *n* ▸ Ce **midi**, on va au restaurant.	**der Mittag** ▸ Heute **Mittag** gehen wir ins Restaurant.
l'après-midi [lapʀɛmidi] *n m* ▸ Je suis là dimanche **après-midi**.	**der Nachmittag** ▸ Ich bin am Sonntag**nachmittag** da.
minuit [minɥi] *n m* ▸ Il est **minuit** ! Bonne année à tous !	**Mitternacht** ▸ Es ist **Mitternacht**! Ein gutes neues Jahr allerseits!
la nuit [lanɥi] *n* ▸ J'ai passé une bonne **nuit**.	**die Nacht** ▸ Ich habe eine gute **Nacht** verbracht.
le soir [ləswaʀ] *n* ▸ On va au cinéma ce **soir** ?	**der Abend** ▸ Gehen wir heute **Abend** ins Kino?

Uhrzeiten

à [a] *prep*	**um**
❯ Le film commence **à** huit heures du soir.	❯ Der Film beginnt **um** acht Uhr abends.

À quelle heure ? [akɛlœʀ] *phrase*	**Um wie viel Uhr?**
❯ **À quelle heure** est le prochain train pour Nantes ?	❯ **Um wie viel Uhr** fährt der nächste Zug nach Nantes?

la demi-heure [lad(ə)miœʀ] *n*	**die halbe Stunde**
❯ Le cours commence dans une **demi-heure**.	❯ Der Unterricht beginnt in einer **halben Stunde**.

et demie [ed(ə)mi] *phrase*	**halb**
❯ Pour les petits, l'école commence à huit heures **et demie**.	❯ Für die Kleinen fängt die Schule um **halb** neun an.

l'heure [lœʀ] *n f*	**die Uhr, die Uhrzeit**
❯ Rendez-vous à trois **heures** devant l'Opéra. D'accord ?	❯ Wir treffen uns um drei **Uhr** vor der Oper. Einverstanden?
❯ Vous avez l'**heure**, s'il vous plaît ?	❯ Haben Sie die genaue **Uhrzeit**, bitte?

Il est … [ilɛ] *phrase*	**Es ist …**
❯ **Il est** cinq heures de l'après-midi.	❯ **Es ist** fünf Uhr nachmittags.

midi [midi] *n m, ohne art*	**zwölf Uhr**
❯ On mange à **midi**.	❯ Wir essen um **zwölf Uhr**.

moins [mwɛ̃] *adv*
> Ton train est à quatre heures **moins** cinq.

vor
> Dein Zug geht um fünf **vor** vier.

le quart d'heure [ləkaRdœR] *n*
> Le train part dans un **quart** d'heure.

die Viertelstunde
> Der Zug fährt in einer **Viertelstunde** ab.

le quart [ləkaR] *n*
> Le cours de français commence à onze heures et **quart**.

Viertel
> Der Französischunterricht beginnt um **Viertel** nach elf.

Weitere Zeitbegriffe

l'an [lɑ̃] *n m*
> Sa fille a neuf **ans**.

das Jahr
> Seine Tochter ist neun **Jahre** alt.

l'année [lane] *n f*
> Cette **année**, on va en Bretagne.

das Jahr
> Dieses **Jahr** fahren wir in die Bretagne.

TIPP *An* benutzt man besonders bei Altersangaben.

la date [ladat] *n*
> C'est quoi la **date** d'aujourd'hui ?

das Datum
> Welches **Datum** haben wir heute?

être à l'heure [ɛtRalœR] *v*
> Il n'**est** jamais **à l'heure**.

pünktlich sein
> Er **ist** nie **pünktlich**.

l'heure [lœʀ] *n f*
❯ J'attends devant le café depuis une **heure**.

die Stunde
❯ Ich warte seit einer **Stunde** vor dem Lokal.

le jour [ləʒuʀ] *n*
❯ Votre voiture sera prête dans quatre ou cinq **jours**.

der Tag
❯ Ihr Auto wird in vier oder fünf **Tagen** fertig sein.

la journée [laʒuʀne] *n*
❯ Comment était ta **journée** aujourd'hui ?

der Tag
❯ Wie war dein **Tag** heute?

TIPP *Journée* benutzt man, wenn man den Verlauf eines Tages betonen möchte.

la minute [laminyt] *n*
❯ Nous habitons à cinq **minutes** du centre.

die Minute
❯ Wir wohnen fünf **Minuten** vom Zentrum entfernt.

le mois [ləmwa] *n*
❯ On est au **mois** de janvier.

der Monat
❯ Wir sind im **Monat** Januar.

le moment [ləmɔmɑ̃] *n*
❯ Je peux parler à Monsieur Didier ? – Un **moment**, s'il vous plaît.

der Moment
❯ Kann ich Herrn Didier sprechen? – Einen **Moment**, bitte.

quinze jours [kɛ̃zʒuʀ] *phrase*
❯ Dans **quinze jours**, c'est déjà Noël !

vierzehn Tage
❯ In **vierzehn Tagen** ist schon Weihnachten!

la seconde [las(ə)gɔ̃d] *n*
❯ Une **seconde** ! Tu es si pressé ?

die Sekunde
❯ Eine **Sekunde**! Hast du es denn so eilig?

la semaine [lasmɛn] *n* ▶ Alors, à la **semaine** prochaine !	**die Woche** ▶ Also dann, bis nächste **Woche**!
le temps [lətɑ̃] *n* ▶ Le **temps** passe vite !	**die Zeit** ▶ Die **Zeit** vergeht schnell!
le week-end [ləwikɛnd] *n* ▶ Qu'est-ce que vous faites le **week-end** ?	**das Wochenende** ▶ Was macht ihr am **Wochenende**?
à [a] *prep* ▶ **À** la semaine prochaine !	**bis** ▶ **Bis** nächste Woche!
après [apʀɛ] *prep* ▶ **Après** le cours, je vais nager.	**nach** ▶ **Nach** dem Kurs gehe ich schwimmen.
avant [avɑ̃] *prep* ▶ Votre voiture ne sera pas prête **avant** jeudi.	**vor** ▶ Ihr Wagen wird nicht **vor** Donnerstag fertig sein.
dans [dɑ̃] *prep* ▶ Elle vient **dans** une heure.	**in** ▶ **In** einer Stunde kommt sie.
depuis [dəpɥi] *prep* ▶ J'apprends le français **depuis** un an.	**seit** ▶ **Seit** einem Jahr lerne ich Französisch.
du ... au [dy o] *prep* ▶ On part **du** premier **au** quinze août en France.	**von ... bis** Datum ▶ Wir fahren **vom** ersten **bis** fünfzehnten August nach Frankreich.

jusqu'à [ʒyska] *prep* ▸ Le mardi, il travaille **jusqu'à** vingt heures.	**bis** ▸ Montags arbeitet er **bis** 20 Uhr.
vers [vɛʀ] *prep* ▸ Je passe **vers** huit heures.	**gegen** ▸ Ich komme **gegen** acht Uhr vorbei.
aujourd'hui [oʒuʀdɥi] *adv* ▸ Sa mère arrive **aujourd'hui** vers midi.	**heute** ▸ Ihre Mutter kommt **heute** gegen Mittag an.
avant-hier [avɑ̃tjɛʀ] *adv* ▸ Je l'ai vu **avant-hier** au restaurant avec une amie.	**vorgestern** ▸ Ich habe ihn **vorgestern** im Restaurant mit einer Freundin gesehen.
demain [dəmɛ̃] *adv* ▸ Tu passes me prendre **demain** ? – D'accord.	**morgen** ▸ Holst du mich **morgen** ab? – Einverstanden.
après-demain [apʀɛd(ə)mɛ̃] *adv* ▸ J'ai rendez-vous **après-demain**.	**übermorgen** ▸ Ich habe **übermorgen** einen Termin.
hier [jɛʀ] *adv* ▸ Elle est à la maison depuis **hier** matin.	**gestern** ▸ Sie ist seit **gestern** Vormittag zu Hause.
après [apʀɛ] *adv* ▸ **Après**, il fait toujours beau.	**danach** ▸ **Danach** ist das Wetter immer schön.
avant [avɑ̃] *adv* ▸ Qu'est-ce que vous avez fait **avant** ?	**vorher** ▸ Was haben Sie **vorher** gemacht?

bientôt [bjɛ̃to] *adv* ▶ À **bientôt** !	**bald** ▶ Bis **bald**!
déjà [deʒa] *adv* ▶ Tu es **déjà** là ?	**schon** ▶ Du bist **schon** da?
encore [ɑ̃kɔʀ] *adv* ▶ Vous êtes **encore** là !	**noch** ▶ Ihr seid **noch** da!
enfin [ɑ̃fɛ̃] *adv* ▶ Vous voilà **enfin** !	**endlich** ▶ Da sind Sie ja **endlich**!
longtemps [lõtɑ̃] *adv* ▶ Tu restes trop **longtemps** au soleil.	**lange** ▶ Du bleibst zu **lange** in der Sonne.
maintenant [mɛ̃t(ə)nɑ̃] *adv* ▶ Qu'est-ce qu'on fait **maintenant** ?	**jetzt** ▶ Was machen wir **jetzt**?
ne … jamais [nə ʒamɛ] *adv* ▶ Nous **ne** partons **jamais** en vacances.	**nie, niemals** ▶ Wir fahren **nie** in Urlaub.
ne … pas encore [nə pazɑ̃kɔʀ] *adv* ▶ Vous avez déjà mangé ? – Non, je **n'**ai **pas encore** mangé.	**noch nicht** ▶ Haben Sie schon gegessen? – Nein, ich habe **noch nicht** gegessen.
quand [kɑ̃] *adv* ▶ Vous partez **quand** ?	**wann** ▶ **Wann** geht ihr?
quelquefois [kɛlkəfwa] *adv* ▶ Vous faites du sport ? – Oui, **quelquefois**.	**manchmal** ▶ Treiben Sie Sport? – Ja, **manchmal**.

souvent [suvã] *adv*	**oft**
⟩ Je vois très **souvent** Nadine.	⟩ Ich sehe Nadine sehr **oft**.
de temps en temps [dətãzãtã] *adv*	**ab und zu**
⟩ Vous allez souvent au cinéma ? – **De temps en temps**.	⟩ Gehen Sie oft ins Kino? – **Ab und zu**.
toujours [tuʒuʀ] *adv*	**immer**
⟩ Il est **toujours** en retard.	⟩ Er ist **immer** spät dran.
tout de suite [tutsɥit] *adv*	**gleich, sofort**
⟩ J'arrive **tout de suite** !	⟩ Ich komme **sofort**!

DER RAUM

Räumliche Begriffe

à [a] *prep*	**in**
Gérard habite **à** Paris avec son frère.	Gérard wohnt mit seinem Bruder **in** Paris.
à côté [akote] *adv*	**daneben, nebenan**
Le cinéma ? J'habite **à côté**.	Das Kino? Ich wohne **daneben**.
à côté de [akotedə] *prep*	**neben**
La poste est **à côté de** la gare.	Die Post ist **neben** dem Bahnhof.
après [apʀɛ] *prep*	**nach**
La poste est **après** le pont.	Die Post kommt **nach** der Brücke.
chez [ʃe] *prep*	**bei, zu**
Elle habite toujours **chez** ses parents à Bruxelles.	Sie wohnt immer noch **bei** ihren Eltern in Brüssel.
Je vais **chez** le docteur.	Ich gehe **zum** Arzt.
dans [dɑ̃] *prep*	**in**
On a rendez-vous **dans** un café.	Wir haben uns **in** einem Lokal verabredet.

derrière [dɛʀjɛʀ] *prep*
❭ On a un grand jardin **derrière** la maison.

hinter
❭ Wir haben einen großen Garten **hinter** dem Haus.

devant [dəvã] *prep*
❭ J'attends **devant** le café depuis une heure.

vor
❭ Ich warte seit einer Stunde **vor** dem Lokal.

la direction [ladiʀɛksjõ] *n*
❭ Prenez la **direction** de Strasbourg, ça ira plus vite.

die Richtung
❭ Fahren Sie **Richtung** Straßburg, das geht schneller.

la droite [ladʀwat] *n*
❭ La poste est sur la **droite**.

die rechte Seite
❭ Die Post ist auf der **rechten Seite**.

droit, droite [dʀwa, dʀwat] *adj*
❭ J'ai mal au pied **droit**.

rechte(r, -s)
❭ Mein **rechter** Fuß tut weh.

à droite [adʀwat] *adv*
❭ C'est la deuxième rue **à droite**.

rechts
❭ Es ist die zweite Straße **rechts**.

en [ã] *prep*
❭ Elle passe ses vacances **en** France **en** Bretagne.

in
❭ Sie verbringt ihre Ferien **in** Frankreich **in** der Bretagne.

TIPP Weibliche Länder und Regionen stehen mit *en*.

en bas [ãba] *adv*
❭ Je t'attends **en bas**, d'accord ?

unten
❭ Ich warte **unten** auf dich, einverstanden?

en face de [ɑ̃fasdə] *prep* ❯ On habite **en face de** l'école.	**gegenüber** ❯ Wir wohnen **gegenüber** der Schule.
en haut [ɑ̃'o] *adv* ❯ J'habite **en haut**.	**oben** ❯ Ich wohne **oben**.
entre [ɑ̃tʀ] *prep* ❯ Elle a une maison **entre** Paris et Chartres.	**zwischen** ❯ Sie hat ein Haus **zwischen** Paris und Chartres.
la gauche [laɡoʃ] *n* ❯ Le bar-tabac est là-bas sur la **gauche**.	**die linke Seite** ❯ Der Tabakladen ist dort drüben auf der **linken Seite**.
gauche [ɡoʃ] *adj m/f* ❯ Qu'est-ce que tu as dans la main **gauche** ?	**linke(r, -s)** ❯ Was hast du in der **linken** Hand?
à gauche [aɡoʃ] *adv* ❯ Prenez la première rue **à gauche**.	**links** ❯ Nehmen Sie die erste Straße **links**.
ici [isi] *adv* ❯ Vous êtes **ici** chez vous !	**hier** ❯ Fühlen Sie sich **hier** wie zu Hause!
jusqu'à [ʒyska] *prep* ❯ Vous allez **jusqu'à** la Place Vendôme.	**bis zu** ❯ Gehen Sie **bis zur** Place Vendôme.
là [la] *adv* ❯ Est-ce que Monsieur Dubois est **là** ?	**da** ❯ Ist Herr Dubois **da**?

là-bas [laba] *adv* 〉 Le Syndicat d'Initiative est **là-bas**, au coin de la rue.	**dort drüben** 〉 Das Fremdenverkehrsamt ist **dort drüben**, an der Straßenecke.
loin [lwɛ̃] *adv* 〉 C'est **loin**, la gare ? – Non, pas trop **loin**.	**weit, weit weg** 〉 Ist der Bahnhof **weit**? – Nein, nicht allzu **weit**.
le milieu [ləmiljø] *n*, pl *milieux* 〉 L'entrée du cinéma, c'est la porte du **milieu**.	**die Mitte** 〉 Der Kinoeingang ist die Tür in der **Mitte**.
au milieu de [omiljødə] *prep* 〉 Il s'est arrêté **au milieu de** la rue.	**mitten** 〉 Er hat **mitten** auf der Straße angehalten.
où [u] *adv* 〉 **Où** est-ce que tu habites ? 〉 **Où** vas-tu ?	**wo, wohin** 〉 **Wo** wohnst du? 〉 **Wohin** gehst du?
partout [paʀtu] *adv* 〉 Il y a du monde **partout** !	**überall** 〉 **Überall** sind Leute!
près de [pʀɛdə] *prep* 〉 Elle habite **près de** Strasbourg.	**in der Nähe von** 〉 Sie wohnt **in der Nähe von** Straßburg.
sous [su] *prep* 〉 Où sont mes chaussures de sport ? – Regarde **sous** la table !	**unter** 〉 Wo sind meine Sportschuhe? – Sieh **unter** dem Tisch nach!
sur [syʀ] *prep* 〉 Mets les verres **sur** la table, s'il te plaît.	**auf** 〉 Stell bitte die Gläser **auf** den Tisch.

tout droit [tudʀwa] *adv*	**geradeaus**
❯ Allez toujours **tout droit** !	❯ Gehen Sie immer **geradeaus**!
vers [vɛʀ] *prep*	**in Richtung**
❯ Allez **vers** la gare !	❯ Fahren Sie **in Richtung** Bahnhof!
voici [vwasi] *prep*	**hier ist, das ist**
❯ **Voici** la clé de la chambre.	❯ **Hier ist** der Zimmerschlüssel.
voilà [vwala] *prep*	**da ist, das ist, dort ist**
❯ **Voilà** M. Dupont.	❯ **Da ist** Herr Dupont.

Richtungen und Himmelsrichtungen

l'est [lɛst] *n m*	**der Osten**
❯ Le vent vient de l'**est**.	❯ Der Wind kommt von **Osten**.

TIPP Die Himmelsrichtungen *nord*, *sud*, *est* und *ouest* können auch großgeschrieben werden.

à l'est de [alɛstdə] *prep*	**östlich von**
❯ Il vit **à l'est de** Lyon.	❯ Er wohnt **östlich von** Lyon.
le nord [lənɔʀ] *n*	**der Norden**
❯ Je viens du **nord** de la France.	❯ Ich komme aus dem **Norden** Frankreichs.
au nord de [onɔʀdə] *prep*	**nördlich von**
❯ On habite **au nord de** Lyon.	❯ Wir wohnen **nördlich von** Lyon.

l'ouest [lwɛst] *n m* ❯ Il habite dans l'**ouest** de Marseille.	**der Westen** ❯ Er wohnt im **Westen** von Marseille.
à l'ouest de [alwɛstdə] *adv* ❯ Elle habite **à l'ouest de** Paris.	**westlich von** ❯ Sie wohnt **westlich von** Paris.
le sud [ləsyd] *n* ❯ Mes amis habitent dans le **sud** de l'Allemagne.	**der Süden** ❯ Meine Freunde wohnen im **Süden** von Deutschland.
au sud de [osyd(d)ə] *prep* ❯ Notre maison est **au sud de** Brest.	**südlich von** ❯ Unser Haus ist **südlich von** Brest.

MENGE, MAß UND GEWICHT

Grund- und Ordnungszahlen

zéro [zeʀo]	**null**
un [œ̃]	**eins**
premier, première [pʀəmje, pʀəmjɛʀ]	**erste(r, -s)**
deux [dø]	**zwei**
deuxième [døzjɛm]	**zweite(r, -s)**
trois [tʀwa]	**drei**
troisième [tʀwazjɛm]	**dritte(r, -s)**
quatre [katʀ]	**vier**
quatrième [katʀijɛm]	**vierte(r, -s)**
cinq [sɛ̃k]	**fünf**
cinquième [sɛ̃kjɛm]	**fünfte(r, -s)**
six [sis]	**sechs**
sixième [sizjɛm]	**sechste(r, -s)**
sept [sɛt]	**sieben**
septième [sɛtjɛm]	**siebte(r, -s)**

huit [ˈɥit]	**acht**
huitième [ˈɥitjɛm]	**achte(r, -s)**
neuf [nœf]	**neun**
neuvième [nœvjɛm]	**neunte(r, -s)**
dix [dis]	**zehn**
dixième [dizjɛm]	**zehnte(r, -s)**
onze [õz]	**elf**
onzième [õzjɛm]	**elfte(r, -s)**
douze [duz]	**zwölf**
douzième [duzjɛm]	**zwölfte(r, -s)**
treize [tRɛz]	**dreizehn**
treizième [tRɛzjɛm]	**dreizehnte(r, -s)**
quatorze [katɔRz]	**vierzehn**
quatorzième [katɔRzjɛm]	**vierzehnte(r, -s)**
quinze [kɛ̃z]	**fünfzehn**
quinzième [kɛ̃zjɛm]	**fünfzehnte(r, -s)**
seize [sɛz]	**sechzehn**
seizième [sɛzjɛm]	**sechzehnte(r, -s)**
dix-sept [disɛt]	**siebzehn**
dix-septième [disɛtjɛm]	**siebzehnte(r, -s)**
dix-huit [dizɥit]	**achtzehn**
dix-huitième [dizɥitjɛm]	**achtzehnte(r, -s)**

dix-neuf [diznœf]	**neunzehn**
dix-neuvième [diznœvjɛm]	**neunzehnte(r, -s)**
vingt [vɛ̃]	**zwanzig**
vingtième [vɛ̃tjɛm]	**zwanzigste(r, -s)**
vingt et un, vingt et une [vɛteœ̃, vɛ̃teyn]	**einundzwanzig**
vingt et unième [vɛ̃teynjɛm]	**einundzwanzigste(r, -s)**
vingt-deux [vɛ̃tdø]	**zweiundzwanzig**
vingt-deuxième [vɛ̃tdøzjɛm]	**zweiundzwanzigste(r, -s)**
trente [tʀɑ̃t]	**dreißig**
trentième [tʀɑ̃tjɛm]	**dreißigste(r, -s)**
trente et un, trente et une [tʀɑ̃teœ̃, tʀɑ̃teyn]	**einunddreißig**
trente-deux [tʀɑ̃tdø]	**zweiunddreißig**
quarante [kaʀɑ̃t]	**vierzig**
quarantième [kaʀɑ̃tjɛm]	**vierzigste(r, -s)**
cinquante [sɛ̃kɑ̃t]	**fünfzig**
cinquantième [sɛ̃kɑ̃tjɛm]	**fünfzigste(r, -s)**
soixante [swasɑ̃t]	**sechzig**
soixantième [swasɑ̃tjɛm]	**sechzigste(r, -s)**
soixante-dix [swasɑ̃tdis]	**siebzig**
soixante-dixième [swasɑ̃tdizjɛm]	**siebzigste(r, -s)**
soixante et onze [swasɑ̃teɔ̃z]	**einundsiebzig**

124 Grund- und Ordnungszahlen

quatre-vingts [katʀəvɛ̃]	**achtzig**
quatre-vingtième [katʀəvɛ̃tjɛm]	**achtzigste(r, -s)**
quatre-vingt-un, quatre-vingt-une [katʀəvɛ̃œ̃, katʀəvɛ̃yn]	**einundachtzig**
quatre-vingt-dix [katʀəvɛ̃dis]	**neunzig**
quatre-vingt-dixième [katʀəvɛ̃dizjɛm]	**neunzigste(r, -s)**
cent [sɑ̃]	**einhundert, hundert**
centième [sɑ̃tjɛm]	**hundertste(r, -s)**
cent un, cent une [sɑ̃œ̃, sɑ̃yn]	**einhundertein(e), einhunderteins**
cent deux [sɑ̃dø]	**einhundertzwei**
cent dix [sɑ̃dis]	**einhundertzehn**
cent onze [sɑ̃ɔ̃z]	**einhundertelf**
cent vingt [sɑ̃vɛ̃]	**einhundertzwanzig**
deux cents [døsɑ̃]	**zweihundert**
trois cents [tʀwasɑ̃]	**dreihundert**
quatre cents [katʀəsɑ̃]	**vierhundert**
quatre cent trente-sept [katʀəsɑ̃tʀɑ̃tsɛt]	**vierhundertsieben- unddreißig**
cinq cents [sɛ̃sɑ̃]	**fünfhundert**
six cents [sisɑ̃]	**sechshundert**

sept cents [sɛtsɑ̃]	**siebenhundert**
huit cents ['ɥisɑ̃]	**achthundert**
neuf cents [nœfsɑ̃]	**neunhundert**
mille [mil]	**eintausend, tausend**
millième [miljɛm]	**tausendste(r, -s)**
deux mille [dømil]	**zweitausend**
dix mille [dimil]	**zehntausend**
cent mille [sɑ̃mil]	**hunderttausend**
un million [œ̃miljɔ̃]	**eine Million**

Mengenbezeichnungen

assez [ase] *adv* 〉 **Assez** ! C'est clair ?	**genug** 〉 **Genug**! Ist das klar?
beaucoup de [bokudə] *adv* 〉 Il y a **beaucoup de** gens sur la plage.	**viel(e)** 〉 Es sind **viele** Leute am Strand.
combien de [kɔ̃bjɛ̃də] *adv* 〉 Tu veux **combien de** timbres ?	**wie viel(e)** 〉 **Wie viele** Briefmarken möchtest du?
compris, comprise [kɔ̃pʀi, kɔ̃pʀiz] *adj* 〉 La chambre coûte soixante euros, tout **compris**.	**inbegriffen, inklusive** 〉 Das Zimmer kostet sechzig Euro, alles **inbegriffen**.

et demi, et demie [ed(ə)mi] *adj*
》 J'ai acheté trois litres **et demi** de lait.

-einhalb
》 Ich habe drei**einhalb** Liter Milch gekauft.

> **TIPP** Nachgestelltes *et demi* richtet sich im Genus nach dem Substantiv.

la moitié [lamwatje] *n*
》 Tu veux la **moitié** de mon gâteau ?

die Hälfte
》 Möchtest du die **Hälfte** von meinem Kuchen haben?

un peu [œ̃pø] *adv*
》 Le thé est **un peu** froid.

ein bisschen, ein wenig
》 Der Tee ist **ein wenig** kalt.

plus de ... que [plysdə kə] *adv*
》 Il a **plus de** chance **que** moi.

mehr ... als
》 Er hat **mehr** Glück **als** ich.

plusieurs [plyzjœR] *adj m/f pl*
》 Jacques est là depuis **plusieurs** jours.

mehrere
》 Jacques ist seit **mehreren** Tagen da.

quelques [kɛlkə] *adj m/f*
》 **Quelques** amis ne viennent pas.

ein paar, einige
》 **Ein paar** Freunde kommen nicht.

ne ... rien [nə Rjɛ̃] *pron*
》 Je **ne** comprends **rien**.

nichts
》 Ich verstehe **nichts**.

très [tRɛ] *adv*
》 Elle est **très** intelligente.

sehr
》 Sie ist **sehr** intelligent.

trop [tro] *adv*
》 On est **trop** gros !
》 On mange **trop** !

zu, zu viel
》 Wir sind **zu** dick!
》 Wir essen **zu viel**!

Maße und Gewichte

le centimètre [ləsɑ̃timɛtʀ] *n*
- Cette robe est trop longue d'au moins dix **centimètres**.

der Zentimeter
- Dieses Kleid ist mindestens zehn **Zentimeter** zu lang.

le gramme [ləgʀam] *n*
- Cent **grammes** de fromage, s'il vous plaît.

das Gramm
- Hundert **Gramm** Käse, bitte.

le kilo [ləkilo] *n*
- Je veux un **kilo** de pommes de terre.

das Kilo
- Ich will ein **Kilo** Kartoffeln.

le kilomètre [ləkilɔmɛtʀ] *n*
- Il y a encore cinquante **kilomètres** jusqu'à la mer.

der Kilometer
- Es sind noch fünfzig **Kilometer** bis zum Meer.

le litre [ləlitʀ] *n*
- On achète un **litre** de lait ?

der Liter
- Kaufen wir einen **Liter** Milch?

la livre [lalivʀ] *n*
- Une **livre** de beurre, s'il vous plaît.

das Pfund
- Ein **Pfund** Butter, bitte.

le mètre [ləmɛtʀ] *n*
- Je fais un **mètre** soixante-dix.

der Meter
- Ich bin einen **Meter** siebzig groß.

le millimètre [ləmilimɛtʀ] *n*
- Il me manquent six **millimètres** pour atteindre la taille idéale.

der Millimeter
- Mir fehlen sechs **Millimeter** zur idealen Größe.

ANHANG

Personal- und Possessivpronomen

elle [ɛl] *pron f sg, nom*
⟩ **Elle** est sympa.

sie sg
⟩ **Sie** ist nett.

elles [ɛl] *pron f pl, nom*
⟩ **Elles** sont gentilles, tes filles.

sie pl
⟩ **Sie** sind lieb, deine Töchter.

il [il] *pron m sg*
⟩ **Il** habite à Lyon.
⟩ En automne, **il** fait souvent froid.

er, es
⟩ **Er** wohnt in Lyon.
⟩ Im Herbst ist **es** oft kalt.

ils [il] *pron m pl, nom*
⟩ Mes parents? **Ils** sont sévères.

sie pl
⟩ Meine Eltern? **Sie** sind streng.

je [ʒə] *pron*
⟩ **Je** pars en vacances demain.
⟩ **J'**arrive !

ich
⟩ **Ich** fahre morgen in Urlaub.
⟩ **Ich** komme!

TIPP Vor Vokal oder stummem h steht statt *je* die Kurzform *j'*.

la [la] *pron f sg, acc sg*
⟩ Ma sœur? Je **la** vois de temps en temps.

sie
⟩ Meine Schwester? Ich sehe **sie** ab und zu.

le [lə] *pron m sg, acc sg* — **ihn**
› Je **l'** aime beaucoup. › Ich liebe **ihn** sehr.

> **TIPP** Vor Vokal oder stummem h steht statt *le* und *la* die Kurzform *l'*.

les [lɛ] *pron m/f pl, acc pl* — **sie**
› Inutile de **les** présenter. Vous **les** connaissez déjà ! › Nicht nötig, **sie** vorzustellen. Ihr kennt **sie** schon!

leur [lœʀ] *pron m/f pl, dat* — **ihnen** *pron, dat*
› Il faut que je pense à **leur** écrire. › Ich muss daran denken, **ihnen** zu schreiben.

lui [lɥi] *pron m sg, betont* — **er**
› C'est **lui** ? › Ist **er** das?

me [mə] *pron* — **mich, mir**
› Tu **m'**aimes ? › Liebst du **mich**?
› Elle **me** donne ce livre. › Sie gibt **mir** dieses Buch.

> **TIPP** Vor Vokal oder stummem h steht statt *me* die Kurzform *m'*.

moi [mwa] *pron, betont* — **ich**
› **Moi**, je reste à la maison. › **Ich** bleibe zu Hause.

moi [mwa] *pron* — **mich, mir**
› Il va au cinéma sans **moi**. › Er geht ohne **mich** ins Kino.
› Qui veut aller à la piscine avec **moi** ? › Wer will mit **mir** ins Schwimmbad gehen?

nous [nu] *pron* — **wir, uns**
› **Nous** habitons à Paris. › **Wir** wohnen in Paris.
› Pour **nous** c'est une surprise. › Für **uns** ist das eine Überraschung.

on [õ] *pron* — **man, wir**
- **On** ne dit pas ça. — Das sagt **man** nicht.
- **On** va au cinéma ? — Gehen **wir** ins Kino?

te [tə] *pron* — **dich, dir**
- Ne t'inquiète pas, je **t'**attends. — Mach dir keine Sorgen, ich warte auf **dich**.
- Je **te** donne le livre. — Ich gebe **dir** das Buch.

> **TIPP** Vor Vokal oder stummem h steht statt *te* die Kurzform *t'*.

toi [twa] *pron, betont* — **du**
- **Toi**, tu écris la lettre. Et c'est **toi** qui vas à la poste après. — **Du** schreibst den Brief. Und **du** gehst nachher zur Post.

toi [twa] *pron* — **dich, dir**
- Les fleurs, c'est pour **toi**. — Die Blumen sind für **dich**.
- Attends, mes amis viennent avec **toi**. — Warte, meine Freunde gehen mit **dir**.

tu [ty] *pron* — **du**
- **Tu** habites où ? — Wo wohnst **du**?

vous [vu] *pron* — **ihr, Sie, euch, Ihnen**
- Toi et Gérard, **vous** faites les courses. — Du und Gerhard, **ihr** geht einkaufen.
- Madame Dulac, c'est **vous** ? — Frau Dulac, sind **Sie** es?
- Les bonbons sont pour **vous**, les enfants. — Die Bonbons sind für **euch**, Kinder.
- Je viens avec **vous**, madame, mais sans **vous**, monsieur. — Ich komme mit **Ihnen**, Madame, aber ohne **Sie**, Monsieur.

leur [lœʀ] *pron m/f sg*	**ihr(e)** sg, bei mehreren Besitzern
〉 **Leur** maison est très grande.	〉 **Ihr** Haus ist sehr groß.
leurs [lœʀ] *pron m/f pl*	**ihr(e)** pl, bei mehreren Besitzern
〉 Les Dubois ont oublié **leurs** clés.	〉 Die Dubois haben **ihre** Schlüssel vergessen.
mon [mõ] *pron m sg*	**mein(e)** vor n m
〉 Voilà **mon** père.	〉 Da ist **mein** Vater.
ma [ma] *pron f sg*	**mein(e)** vor n f
〉 Voilà **ma** mère.	〉 Da ist **meine** Mutter.
mes [me] *pron m/f pl*	**meine** pl
〉 Ce sont **mes** parents.	〉 Das sind **meine** Eltern.

TIPP Auch bei weiblichen Substantiven wird *mon* benutzt, wenn sie mit einem Vokal oder einem stummem h beginnen.

notre [nɔtʀ] *pron m/f sg*	**unser(e)** sg
〉 Voilà **notre** fils, Jean-Louis.	〉 Das ist **unser** Sohn, Jean-Louis.
nos [no] *pron m/f pl*	**unser(e)** pl
〉 **Nos** amis sont en Italie.	〉 **Unsere** Freunde sind in Italien.
son [sõ] *pron m sg*	**sein(e), ihr(e)** vor n m
〉 C'est **son** livre.	〉 Das ist **sein** Buch.
〉 C'est **son** fils.	〉 Das ist **ihr** Sohn.

sa [sa] *pron f sg*
- C'est **sa** voiture.
- C'est **sa** maison.
- Comment s'appelle **son** amie ?

ses [se] *pron m/f pl*
- Ce sont **ses** photos.
- Ce sont **ses** enfants.

sein(e), ihr(e) vor n f
- Das ist **sein** Auto.
- Das ist **ihr** Haus.
- Wie heißt **ihre** Freundin?

seine, ihre vor n pl
- Das sind **seine** Fotos.
- Das sind **ihre** Kinder.

TIPP Auch bei weiblichen Substantiven wird *son* benutzt, wenn sie mit einem Vokal oder einem stummem h beginnen.

ton [tõ] *pron m sg*
- C'est **ton** enfant ?

ta [ta] *pron f sg*
- **Ta** mère est en retard.

tes [te] *pron m/f pl*
- C'est **tes** affaires ?

dein(e) vor n m
- Ist das **dein** Kind?

dein(e) vor n f
- **Deine** Mutter verspätet sich.

deine vor n pl
- Sind das **deine** Sachen?

TIPP Auch bei weiblichen Substantiven wird *ton* benutzt, wenn sie mit einem Vokal oder einem stummem h beginnen.

vos [vɔ] *pron m/f pl*
- **Vos** enfants font du sport ?

vos [vo] *pron m/f pl*
- Où sont **vos** clés de voiture, monsieur le directeur ?

euer(e) vor n pl
- Treiben **eure** Kinder Sport?

Ihre
- Wo sind **Ihre** Autoschlüssel, Herr Direktor?

votre [vɔtR] *pron, pl **vos***
- Est-ce que je peux voir **votre** livre ?

votre [vɔtR(ə)] *pron m/f sg*
- **Votre** fils est très intelligent.

Ihr(e)
- Kann ich **Ihr** Buch sehen?

euer(e) vor n sg
- **Euer** Sohn ist sehr intelligent.

Interrogativ- und Demonstrativpronomen

quel, quelle [kɛl] *adj*
- Tu as **quelle** heure ?

welche(r, -s)
- **Welche** Uhrzeit hast du?

---

qu'est-ce que [kɛskə] *pron*
- **Qu'est-ce que** vous faites demain ?
- **Qu'est-ce que** c'est ?

was bei Fragen
- **Was** macht ihr morgen?
- **Was** ist das?

---

comment [kɔmɑ̃] *adv*
- **Comment** allez-vous ?

wie
- **Wie** geht es Ihnen?

---

qui [ki] *pron*
- **Qui** est ce jeune homme ?
- Avec **qui** tu parles ?
- Pour **qui** tu achètes ce pull ?

wer, wem, wen
- **Wer** ist dieser junge Mann?
- Mit **wem** sprichst du?
- Für **wen** kaufst du diesen Pulli?

---

quoi [kwa] *pron, ugs*
- C'est **quoi**, ça ?

was
- **Was** ist das da?

cela [s(ə)la] *pron*	**das**
ça [sa] *pron*	**das**
❯ **Ça** m'intéresse beaucoup.	❯ **Das** interessiert mich sehr.
ça [sa] *pron, ugs*	**es**

> **TIPP** Das Pronomen *ça* ist die umgangssprachliche Abkürzung von *cela*.

ce [sə] *pron m sg*	**das** unpersönlich
❯ **Ce** n'est pas grave !	❯ **Das** ist nicht schlimm!
ce [sə] *pron m sg, pl ces*	**diese(r, -s)** vor n m
❯ **Ce** vin est très bon.	❯ **Dieser** Wein schmeckt sehr gut.
cette [sɛt] *pron f sg, pl ces*	**diese(r, -s)** vor n f
❯ **Cette** maison est grande.	❯ **Dieses** Haus ist groß.

Artikel und weitere Pronomen

me [mə] *pron*	**mich**
❯ Je **me** lave.	❯ Ich wasche **mich**.
nous [nu] *pron*	**uns**
❯ Nous **nous** amusons beaucoup.	❯ Wir amüsieren **uns** sehr.
se [sə] *pron f*	**sich**
❯ Il **se** lave les mains.	❯ Er wäscht **sich** die Hände.

> **TIPP** Vor Vokal oder stummem h steht statt *se* die Kurzform *s'*.

te [tə] *pron*	**dich**
❱ Tu **te** laves.	❱ Du wäschst **dich**.

TIPP Vor Vokal oder stummem h steht statt *te* die Kurzform *t'*.

vous [vu] *pron sg*	**euch**
❱ Lavez-**vous** !	❱ Wascht **euch**!
ne ... personne [nə pɛʁsɔn] *pron*	**niemand**
❱ Ici, je **ne** cherche **personne**.	❱ Hier suche ich **niemanden**.
quelqu'un [kɛlkɛ̃] *pron*	**jemand**
❱ Il y a **quelqu'un** ?	❱ Ist da **jemand**?
quelque chose [kɛlkəʃoz] *pron*	**etwas**
❱ Vous avez oublié **quelque chose** ?	❱ Haben Sie **etwas** vergessen?
tous, toutes [tu, tut] *adj*	**alle**
❱ Il aime **toutes** les fleurs.	❱ Er mag **alle** Blumen.
tout [tu] *pron m sg*	**alles**
❱ J'ai **tout** dans la valise.	❱ Ich habe **alles** in dem Koffer.
du [dy] *art*	Teilungsartikel vor n m
❱ On a encore **du** pain à la maison ?	❱ Haben wir noch Brot zu Hause?
de la [dəla] *art*	Teilungsartikel vor n f
❱ Je vais acheter **de la** bière.	❱ Ich gehe Bier kaufen.

TIPP Vor Vokal und stummem h lautet der Teilungsartikel *de l'*.

des [de] *art m/f* | Teilungsartikel vor n pl
❯ Il y a **des** fruits pour le dessert. | ❯ Es gibt Obst zum Nachtisch.

---

le [lə] *art* | **der, die, das** vor n m
❯ **Le** film me plaît beaucoup. | ❯ **Der** Film gefällt mir sehr.
❯ **Le** désert est loin. | ❯ **Die** Wüste ist weit weg.
❯ **Le** livre est intéressant. | ❯ **Das** Buch ist interessant.

la [la] *art* | **der, die, das** vor n f
❯ **La** fleur est rouge. | ❯ **Die** Blume ist rot.
❯ **La** pierre est noire. | ❯ **Der** Stein ist schwarz.
❯ **La** voiture de Claude est neuve. | ❯ **Das** Auto von Claude ist neu.

les [le] *art m/f, pl* | **die** vor n pl
❯ **Les** livres sont sur la table. | ❯ **Die** Bücher sind auf dem Tisch.

---

un [œ̃] *art* | **ein(e)** von n m
❯ C'est **un** petit village au nord de Brest. | ❯ Das ist **ein** kleines Dorf nördlich von Brest.

une [yn] *art* | **ein(e)** vor n f
❯ C'est **une** bonne idée. | ❯ Das ist **eine** gute Idee.

Hilfs- und Modalverben

avoir [avwaʀ] *v/aux* — v/aux zur Bildung des Perfekts
❱ Je n'**ai** pas encore mangé.
❱ Ich **habe** noch nicht gegessen.

TIPP Mit *avoir* werden die Perfektformen der französischen transitiven Verben gebildet.

être [ɛtʀ] *v/aux* — v/aux zur Bildung des Perfekts
❱ Il **est** allé au restaurant.
❱ Er **ist** ins Restaurant gegangen.

TIPP Mit *être* werden die Perfektformen von französischen Bewegungsverben und reflexiven Verben gebildet.

devoir [dəvwaʀ] *v/aux* — **müssen**
❱ Je **dois** payer où ?
❱ Wo **muss** ich zahlen?

pouvoir [puvwaʀ] *v/aux* — **können**
❱ Allô, bonjour, est-ce que je **peux** parler à Monsieur Didier ?
❱ Hallo, guten Tag, **kann** ich Herrn Didier sprechen?

vouloir [vulwaʀ] *v/aux* — **mögen, wollen**
❱ Vous **voulez** des légumes ?
❱ **Möchten** Sie Gemüse?
❱ Je **veux** voir ce film.
❱ Ich **will** diesen Film sehen.

je voudrais ... [ʒəvudʀɛ] *phrase* — **ich möchte ...**
❱ **Je voudrais** parler au patron.
❱ **Ich möchte** den Chef sprechen.

Weitere Strukturwörter

à [a] *prep*

- Je donne le livre **au** professeur.
- Tu donnes ces fleurs **à** la femme.
- Il donne les livres **aux** enfants.

prep zur Dativbildung; wird nicht übersetzt

- Ich gebe dem Lehrer das Buch.
- Du gibst diese Blumen der Frau.
- Er gibt den Kindern die Bücher.

à la [ala] *prep*

- On va **à la** piscine ?

in den, die, das vor n f

- Gehen wir **ins** Schwimmbad?

au [o] *prep à + le*

- On va **au** cinéma ?

in den, die, das vor n m

- Gehen wir **ins** Kino?

aux [o] *prep à + les*

- Il vit **aux** Etats-Unis.

in den vor n pl

- Er lebt **in den** Vereinigten Staaten.

> **TIPP** Die Präposition *à* dient zur Bildung des Dativs. Dabei wird *à + le* zu *au* und *à + les* zu *aux*.

avec [avɛk] *prep*

- Venez ce soir **avec** votre amie !

mit

- Kommen Sie heute Abend **mit** Ihrer Freundin!

contre [kõtʀ] *prep*

- Je suis **contre** cette politique et tout le monde est **contre** moi !

gegen

- Ich bin **gegen** diese Politik, und alle sind **gegen** mich!

de [də] *prep* — **von**
- C'est l'ordinateur **de** Claire.
- Das ist der Computer **von** Claire.

> **TIPP** Die Präposition *de* dient zur Bildung des Genitivs. Dabei wird *de + le* zu *du* und *de + les* zu *des*. Vor Vokal oder stummem h steht *d'*.

pour [puʀ] *prep* — **für**
- Les fleurs sont **pour** toi.
- Die Blumen sind **für** dich.

sans [sã] *prep* — **ohne**
- Je prends mon café **sans** sucre.
- Ich nehme meinen Kaffee **ohne** Zucker.

comme [kɔm] *conj* — **wie, als**
- Elle est **comme** son frère.
- Qu'est-ce que vous aimez **comme** sports ?
- Sie ist **wie** ihr Bruder.
- Was mögen Sie **als** Sportart?

et [e] *conj* — **und**
- Pierre **et** Jacqueline sont mes amis.
- Pierre **und** Jacqueline sind meine Freunde.

mais [mɛ] *conj* — **aber**
- Je ne sais pas, **mais** demandez à ce monsieur !
- Ich weiß nicht, **aber** fragen Sie diesen Herrn!

ou [u] *conj* — **oder**
- Tu viens avec nous, **ou** tu restes ?
- Kommst du mit uns **oder** bleibst du?

quand [kã] *conj* — **wenn**
- **Quand** il fait froid, je reste à la maison.
- **Wenn** es kalt ist, bleibe ich zu Hause.

que [kə] *conj*
› Mon frère est plus jeune **que** moi.

als nach Komparativ
› Mein Bruder ist jünger **als** ich.

que [kə] *conj*
› Tu vois **que** je vais bien.

dass
› Du siehst, **dass** es mir gutgeht.

aussi [osi] *adv*
› J'aime bien ce livre. Vous **aussi** ?

auch
› Ich mag das Buch. Sie **auch**?

ne ... pas [nə pa] *adv*
› Je **ne** peux **pas** venir.

nicht
› Ich kann **nicht** kommen.

TIPP Vor Vokal oder stummem h steht statt *ne* die Kurzform *n'*. In der gesprochenen Sprache lässt man es oft sogar ganz weg: **Je sais pas. – Ich weiß es nicht.**

ne ... pas de [nə padə] *adv*
› Elle a un chat ? – Non, elle **n'**a **pas de** chat.

kein(e)
› Hat sie eine Katze? – Nein, sie hat **keine** Katze.

TIPP Vor Vokal oder stummem h heißt es *n'... pas de* bzw. *ne... pas d'*.

ne ... plus [nə ... ply] *adv*
› Elle **ne** travaille **plus**.

nicht mehr
› Sie arbeitet **nicht mehr**.

ne ... plus de [nə plydə] *adv*
› Pourquoi est-ce qu'on **ne** voit **plus de** neige à Paris ?

kein(e) ... mehr
› Warum sieht man **keinen** Schnee **mehr** in Paris?

pas du tout [padytu] *adv*
› Vous avez froid ? – Non, **pas du tout**.

überhaupt nicht
› Ist Ihnen kalt? – Nein, **überhaupt nicht**.

le plus [ləply] *adv, pl **les plus** + adj* — zur Bildung des Superlativs
- Quel est le fleuve **le plus** long de la France ?
- Welches ist der längste französische Fluss?

la plus [laply] *adv, pl **les plus** + adj* — zur Bildung des Superlativs
- C'est **la plus** belle femme du cinéma français.
- Sie ist die schönste Frau des französischen Kinos.

plus [ply] *adv + adj* — zur Bildung des Komparativs
- Cette voiture est **plus** grande que l'autre.
- Dieses Auto ist größer als das andere.

---

pourquoi [puʀkwa] *adv* — **warum**
- On va au théâtre ce soir ? – **Pourquoi** pas ?
- Gehen wir heute Abend ins Theater? – **Warum** nicht?

---

seulement [sœlmɑ̃] *adv* — **nur**
- Il a un enfant **seulement**.
- Er hat **nur** ein Kind.

---

si [si] *adv* — **doch**
- Tu ne viens pas ? – **Si**, j'arrive !
- Kommst du nicht? – **Doch**, ich komme!

si [si] *adv mit adj* — **so** + adj
- C'est **si** agréable d'être en vacances !
- Es ist **so** schön, im Urlaub zu sein!

---

il y a [ilja] *phrase* — **es gibt**
- **Il y a** beaucoup de fruits dans ce magasin.
- In diesem Geschäft **gibt es** viel Obst.

---

c'est ... qui [sɛ ki] *phrase* — zur Hervorhebung des Subjekts, wird nicht übersetzt
- **C'est** moi **qui** donne.
- Ich gebe.

est-ce que [ɛskə] *pron* — Zur Einleitung einer Frage; wird nicht übersetzt
- Où **est-ce que** tu habites ? — Wo wohnst du?
- **Est-ce que** les enfants ont faim ? — Haben die Kinder Hunger?

il faut [ilfo] *phrase + inf* — **man muss ...**
- **Il faut** faire attention. — **Man muss** aufpassen.

Register Deutsch – Französisch

Hinter den Stichwörtern steht die Seitenzahl.

A
abbiegen 82
Abend 107
Abendessen 94
abendessen, zu
  Abend essen 94
aber 139
abfahren 85
Abfahrt 73
Abflug 73
abholen 53
Abitur 63
Abreise 73
abstellen 53
ab und zu 114
Ach ja? 44
Ach so! 44
Adresse 15
ähneln 18
ähnlich sein 18
alle 135
alles 135
Alles Gute! 44
als 139, 140
Also ... 43
Also dann ... 44
alt 17, 18, 61
Alter 16
Ampel 81
anfangen 51
angenehm 101
anhalten 83
ankommen 83
Ankunft 83
Anrufbeant-
  worter 49
anrufen 49
Anschluss 84
Anschrift 15
antworten 37
Apfel 90
Apfelsine 89
Apotheke 77
Apparat 49
Appetit 93
April 104
Arbeit 66
arbeiten 67
Arm 31
Armbanduhr 20
Arzt 35
Arzt, Ärztin 67
Ärztin 35
auch 140
auf 118
Aufhören! 43
aufmachen 53
Auf Wiedersehen!
  41
Aufzug 54
Augenblick! 43
August 104
Ausfahrt 82
Ausflug 69
Ausgang 55
ausgebucht 72
Auskunft 87
aussehen 18
aussteigen 84
Auto 82
Autobahn 81

B
Bäckerei 76
baden 33
Badezimmer 56
Bahnhof 85
bald 113
Balkon 54
Ball 71
Banane 88
Bank 86
Bär 99
Bauch 32
Baum 100
bedeuten 37
Bedienung 94
beenden 52
beginnen 51
bei 115
Bein 32
Belgien 28
Belgier(in) 28
belgisch 28
Benzin 81
Berge 96
beruflich
  machen 66
besichtigen 74
Besteck 95
besteigen 70
Bett 57

Bier 91
billig 78
Birne 89
bis 111, 112
Bis gleich! 41
Bis morgen! 41
Bis später! 41
bis zu 117
bitte 38
Blatt 100
blau 62
bleiben 46
blond 17
Blume 100
Blut 36
braun 62
Bravo! 41
Brief 48
Briefmarke 48
Brieftasche 20
Brille 20
Brot 89
Brücke 80
Bruder 21
Buch 59
Buchhandlung 77
Büro 66
Bus 83
Butter 88

C
Cent 78
Chef(in) 66
Computer 50
Croissant 88

D
da 117
da ist 119
danach 112
daneben, nebenan 115
danke 38
danke schön 38
das 134
das ist 119
Das ist nicht meine Schuld. 45
Das kostet ... 78
Das macht nichts! 26
Das reicht! 43
dass 140
Daten 50
Datum 109
Decke 59
deine 132
dein(e) 132
der, die, das 136
deutsch 27
Deutsch 65
Deutsche 27
Deutschland 27
Dezember 105
dich 130, 135
dick 17
die 136
Dienstag 105
dienstags 105
diese(r, -s) 134
sich die Zähne putzen 33
digital 50
dir 130
direkt 84
doch 141
Doktor 35
Donnerstag 106
donnerstags 106
Dorf 97

dort drüben 118
dort ist 119
Dose 58
du 130
Durst 25
Dusche 33, 73

E
egal 25
Ehefrau 21
Ehemann 22
Ei 89
Eiche 100
ein bisschen 126
ein(e) 136
einfach 66
Eingang 54
einhalb 126
einige 126
eintreten 46
Einverstanden! 41
ein wenig 126
Eis 89
Eltern 22
endlich 113
England 27
Engländer(in) 27
englisch 27
Englisch 65
Enkelkinder 22
Entschuldigen Sie! 39
Entschuldigung! 39
er 128, 129
Erdgeschoss 55
Erkältung 36
erklären 37
es 128, 134
es eilig haben 54
Es geht. 44

es gibt 141
Es ist ... 108
Es ist spät. 46
essen 93
Essen 93
Esszimmer 56
Etage 55
etwas 135
euch 130, 135
euer(e) 132, 133
Euro 78

F
fahren durch 85
Fahrkarte 83, 85
Fahrstuhl 54
Familie 21
Farbe 61
Fasching 68
Februar 104
Fehler 64
feiern 68
Fenster 57
Ferien 74
fernsehen 47
Fernsehen 48
fertig sein mit 52
Fest 68
Feuer 46
Fieber 35
Film 70
Fisch 90
Flasche 58
Fleisch 91
Fliege 99
Flughafen 83
Flugzeug 84
Flur 56
Foto 70
Fotoapparat 69

Frage 46
fragen 81
Frankreich 28
Franzose,
 Französin 29
französisch 29
Französisch 65
Frau 15, 21, 40
Freitag 106
freitags 106
Fremdenver-
 kehrsamt 74, 86
Freund(in) 22
Friseur(in) 67
Frühling 103
Frühstück 93
sich fühlen 25
für 139
Fuß 32
Fußball 71

G
Gabel 95
Garage 55
Garten 55
Gebäude 79
geben 51
Gebirge 96
Geburtstag 68
gefallen 26
gegen 112, 138
Gegend 97
gegenüber 117
gehen 69
Gehen wir? 42, 45
gehören 52
gelb 62
Geld 77
Geldbeutel 20
Geldstück 79

Gemüse 89
genug 125
Gepäck 72
geradeaus 119
Gern! 42
Gern geschehen!
 39
gernhaben 23
gern mögen 23
Geschäft 75
Gesicht 32
gestern 112
Gesundheit 34
gesund sein 34
Getränk 91
Glas 95
glauben 26
gleich 114
Glück 26
Grad 101
Gramm 127
grau 62
Grieche,
 Griechin 29
Griechenland 29
griechisch 29
Griechisch 65
groß 17
Großeltern 21
Großmutter 21
Großvater 21
grün 62
Gruß 48
gucken 54
gut 25
gut aussehen 18
Gute Fahrt! 45
Guten Abend! 40
Guten Morgen! 40
Guten Tag! 40

Gutes neues Jahr! 44

H
Haare 31
Hafen 80
Hahn 98
halb 108
halbe Stunde 108
Hälfte 126
Hallo! 40, 49
Haltestelle 83
Hand 32
Handtasche 20
Handy 49
hässlich 18
Haus 55
Haut 32
Heiligabend 68
heiß 60
heißen 16, 37
Heizung 57
Hemd 19
Herbst 103
Herein! 43
Herr 40
herunterladen 50
heute 112
hier 117
hier ist 119
hinter 116
Hitze 101
hoch 60
holen 51
hören 24
Hörnchen 88
Hose 19
Hotel 73
hübsch 17
Huhn 99
Hühnchen 90
Hund 98
Hunger 24
Hut 19

I
ich 128, 129
ich auch 41
Idee 25
ihn 129
ihnen 129
Ihnen 130
ihr 130
ihre 132
ihr(e) 131, 132
Ihr(e) 132, 133
immer 114
in 111, 115, 116, 138
inbegriffen 125
Information 86
inklusive 125
in Richtung 119
interessant 70
Internet 49
Italien 29
Italiener(in) 29
italienisch 29
Italienisch 65

J
ja 42
Jacke 20
Jahr 109
Jahreszeit 103
Januar 103
jemand 135
jetzt 113
Jornalist(in) 67
Journalist(in) 67
Jugendherberge 72
Juli 104
jung 17
Junge 15
Juni 104

K
Kaffee 91
kalt 60
kalt sein 24, 102
Kaninchen 98
Karneval 68
Kartoffel 90
Käse 89
Kasse 77
Katze 98
kaufen 75
kein(e) 140
kein(e) …
  mehr 140
Kellner 94
Kilo 127
Kilometer 127
Kind 15
Kino 69
Kirche 79
Klasse 63, 84
Kleid 20
klein 18
Kleingeld 78
Kneipe 69
Knie 31
kochen 52
Koffer 74
Kollege 23
Kollegin 23
Kommt nicht in
  Frage! 42
Konditorei 77
können 137

Konsulat 86
Kopf 32
kosten 78
kräftig 17
krank 35
Krankenhaus 35
Krankheit 35
Krimi 71
Küche 56
Kuchen 89
Kuh 99
Kurs 63
kurz 60
Küsschen 51

L
Land 96, 97
lang 60
lange 113
langsam 81
Lärm 24
lassen 46
Lebensmittelgeschäft 76
leer 61
legen 53
Lehrer(in) 64
leicht 60, 66
leidtun 39
lernen 63
lesen 70
Leute 81
Liebe 23
lieben 23
Liebe(r, -s) 48
linke(r, -s) 117
linke Seite 117
links 117
Liter 127
Löffel 95

Lokal 69
Los! 42
Löwe 99

M
machen 71
Mädchen 15
mager 18
Mai 104
Mail 50
man 130
manchmal 113
man muss ... 142
Mann 15, 22
Mantel 19
Markt 75
Marmelade 88
März 104
Maus 50, 99
Medikament 36
Meer 96
mehr ... als 126
mehrere 126
mein 131
mein(e) 131
Mensch 15
Messer 95
Meter 127
Metzgerei 76
mich 129, 134
Milch 92
mild sein 102
Millimeter 127
Mineralwasser 92
Minute 110
mir 129
mit 138
Mittag 107
Mittagessen 93
Mitte 118

mitten 118
Mitternacht 107
Mittwoch 105
mittwochs 105
Mit Vergnügen! 41
Möbel 58
modern 60
mögen 137
möglich 42
Moment 110
Monat 110
Montag 105
montags 105
morgen 112
Morgen 107
müde 24
Mund 31
Münze 79
Museum 80
Musik 70
müssen 137
Mutter 22

N
nach 111, 115
Nachbar(in) 23
nach Hause gehen 54
Nachmittag 107
Nachricht 39
Nacht 107
Nachtisch 94
Nähe 118
Name 16
Nase 32
Natur 97
Natürlich. 42
neben 115
nehmen 82, 85
nein 42

nett 46
neu 61
nicht 140
nicht mehr 140
nichts 126
nicht schlecht 45
nie 113
niemals 113
niemand 135
noch 113
noch nicht 113
Norden 119
nördlich 119
normalerweise 52
November 105
null Grad sein 102
Nummer 49
nur 141
Nur Mut! 43

O

oben 117
Ober 94
Obst 89
oder 139
Oder? 38
öffnen 75
oft 114
ohne 139
Ohr 32
Oktober 104
online 50
Osten 119
Ostern 68
Österreich 28
Österreicher 28
Österreicherin 28
österreichisch 28
östlich 119

P

paar 126
Park 80
Pension 73
Person 15
Personalausweis 16
Pfeffer 90
Pferd 98
Pfingsten 68
Pflanze 100
Pfund 127
Pilz 100
Plan 73
Platz 80, 97
Polizei 87
Polizist(in) 67
Pommes 88
Post 87
Postamt 86
Postkarte 48
Postleitzahl 48
Preis 79
preiswert 78
Programm 47, 50
Prost! 45
Prüfung 64
Pulli 19
Pullover 19
pünktlich sein 109

R

Radio 47
rasieren 33
Rathaus 79, 80
rauchen 33
Rechnung 94
rechte(r, -s) 116
rechte Seite 116
rechts 116
Regen 101

Regenschirm 20
Region 97
regnen 101
reichen 93
Reise 74
Reiseführer 73
Reisepass 73
reservieren 85
Restaurant 94
Rettungswagen 34
richtig 25
Richtung 116
riechen 24
Rock 19
Roman 70
Rose 100
rot 62
Rücken 31
Rückfahrkarte 83
rufen 42
Ruhe 43
Ruhestand 66
ruhig 59
Rundfahrt 72

S

Sache 58
Saft 92
sagen 26
Salat 90
Salz 90
Samstag 106
samstags 106
Sandwich 90
sauber 61
Sauerkraut 88
Schachtel 58, 59
Schade! 45
Schaffner 84
Schalter 86

schauen 54
Schaufenster 76
Schauspieler(in 67
Schein 77
Schere 58
schlafen 51
Schlafzimmer 56
schlank 18
schlecht 26, 101
schließen 52, 75
Schloss 79
Schlüssel 59
schmecken 23
Schmerzen
  haben 35
schmutzig 33
Schnee 101
schneien 101
schnell 43
Schokolade 91
schon 113
schön 17, 59
schön sein 102
Schrank 57
schreiben 52
Schuh 19
Schule 63
Schüler(in) 64
schwarz 62
Schweden 29
Schwede,
  Schwedin 30
schwedisch 30
Schwedisch 65
Schwein 98
Schweiz 30
Schweizer 30
Schweizerin 30
schweizerisch 30
Schweizerisch 30

schwer 60
Schwester 22
schwierig 66
Schwimmbad 71
sehen 25
sehr 126
Seife 33
sein 52
seine 132
sein(e) 131, 132
seit 111
Sekunde 110
September 104
Sessel 57
setzen 46
sich 134
sicher 26
sie 128, 129
Sie 130
Silvester 68, 69
Ski 71
SMS 49
so 141
Socke 19
So ein Pech! 27
sofort 114
Sohn 21
Sommer 103
Sonne 101
Sonntag 106
sonntags 106
Sonst noch etwas?
  75
Spanien 28
Spanier(in) 28
spanisch 28
Spanisch 65
Spaziergang 70
Speisekarte 94
Spinne 98

Sport 72
sprechen 37, 39
Stadt 97
Stadtmitte 79
Stadtviertel 97
stark 60
stellen 53
Stift 59
Stoppschild 82
stören 46
Strand 97
Straße 82
Stuhl 57
Stunde 110
suchen 51
Süden 120
südlich 120
Supermarkt 77
Suppe 91

T
Tabakladen 76
Tablette 34
Tag 110
Tanne 100
Tasche 59
Tasse 95
Taxi 82
Tee 92
Telefon 49
Teller 95
Tennis 72
Termin 54
Terrasse 55
teuer 78
Theater 80
Thunfisch 91
Ticket 84
Tier 98
Tiger 99

Tisch 58
Tisch decken 93
Tochter 21
Toilette 56
Tomate 91
tragen 74
Treffen 70
Treppe 55
trinken 51
Trinkgeld 94
Tschüs! 40
tun 52
Tür 57
Türkisch 65
Turm 80

U
U-Bahn 85
überall 118
überhaupt
 nicht 140
übermorgen 112
Überraschung 27
Uhr 20, 108
Uhrzeit 108
um 108
umsteigen 84
Um wie viel Uhr?
 108
und 139
Unfall 34
Universität 64
uns 129, 134
unser(e) 131
unten 116
unter 118
Unterricht 63

V
Vater 22

Verabredung 70
verkaufen 76
Verkäufer(in) 75
Verspätung 85
verstehen 37
Verzeihung! 39
viel(e) 125
Viel Glück! 44
Viertel 109
Viertelstunde 109
vierzehn Tage 110
Visitenkarte 39
voll belegt 72
volltanken 81
von 139
von ... bis 111
vor 109, 111, 116
vorbeikommen 53
vorgestern 112
vorher 112
Vormittag 107
Vorname 16
vorstellen 40

W
Wald 96
wann 113
warm 60
warm sein 24, 102
Warten Sie! 43
warum 141
was 133
waschen 33, 53
Was heißt ...? 38
Wasser 92
wechseln 86
Wechselstube 86
Weihnachten 68
Wein 92
weiß 61

weit 118
weit weg 118
Weizen 100
welche(r, -s) 133
Welt 96
wem 133
wen 133
wenn 139
wer 133
Werbespot 47
Werbung 47
Westen 120
westlich 120
Wetter 102
wichtig 26
wie 133, 139
Wie bitte? 38
wiederholen 37
Wie geht's? 44
Wie komme ich ...?
 81
Wie schön! 26
wie viel(e) 78, 125
Wind 102
Winter 103
wir 129, 130
Wird es lange
 dauern? 45
wissen 45
WLAN 50
wo 118
Woche 111
Wochenende 111
wohin 118
wohnen 52
Wohnung 54
Wohnzimmer 56
Wolf 99
wollen 137

Z

zahlen 78
Zahn 31
Zahnarzt 34
zeigen 53
Zeit 111
Zeitschrift 47
Zeitung 47
Zentimeter 127
Zentrum 96
Zigarette 58
Zimmer 55, 72
zu 115, 126
zubereiten 53
Zucker 91
zu Fuß 53
Zug 85
zu Mittag essen 93
Zum Wohl! 45
zu viel 126
zwischen 117
zwölf Uhr 108

Register Französisch – Deutsch

Hinter den Stichwörtern steht die Seitenzahl.

A

à 108, 111, 115, 138
accident 34
acheter 75
à côté 115
à côté de 115
acteur 67
actrice 67
addition 94
À demain ! 41
adresse 15
à droite 116
aéroport 83
à gauche 117
âge 16
âgé 17
agréable 101
Ah bon ? 44
aimer 23
aimer bien 23
à la 138
à l'est de 119
Allemagne 27
allemand 27, 65
Allemand 27
Allemande 27
aller 69
aller chercher 51
aller-retour 83
aller simple 83
Allez ! 42
Allez, courage ! 43
Allô ! 49
à l'ouest de 120
ambulance 34
ami 22
amie 22
amour 23
an 109
anglais 27, 65
Anglais(e) 27
Angleterre 27
animal 98
année 109
anniversaire 68
août 104
à pied 53
À plus tard ! 41
appareil 49
appareil photo 69
appartement 54
appeler 42
appétit 93
apprendre 63
après 111, 112, 115
après-demain 112
après-midi 107
À quelle heure ? 108
araignée 98
arbre 100
argent 77
armoire 57
arrêt 83
Arrêtez ! 43
arrivée 83
arriver 83
ascenseur 54
assez 125
assiette 95

À tout à l'heure ! 41
Attendez ! 43
au 138
auberge de jeunesse 72
aujourd'hui 112
au milieu de 118
au nord de 119
Au revoir ! 41
aussi 140
au sud de 120
autobus 83
automne 103
autoroute 81
Autriche 28
autrichien 28
Autrichien 28
Autrichienne 28
aux 138
avant 111, 112
avant-hier 112
avec 138
Avec ça ? 75
Avec plaisir ! 41
avion 84
avoir 137
avoir bonne mine 18
avoir chaud 24
avoir du goût 23
avoir froid 24
avoir l'air 18
avoir mal à 35
À votre santé ! 45
avril 104

B

baccalauréat 63
bagages 72
balcon 54
balle 71
ballon 71
banane 88
banque 86
bar 69
bar-tabac 76
bâtiment 79
beau 17, 59
beaucoup de 125
belge 28
Belge 28
Belgique 28
beurre 88
bien 25
Bien sûr. 42
bientôt 113
bière 91
billet 77, 84
bise 51
blanc 61
blé 100
bleu 62
blond 17
boire 51
boisson 91
boîte 58
bon 25
Bon ... 43
Bon alors ... 44
Bon courage ! 44
bonjour 48
Bonjour ! 40
Bonne année ! 44
Bonne chance ! 44
Bonne route ! 45
Bonsoir ! 40
bouche 31
boucherie 76
boulangerie 76

bouteille 58
bras 31
Bravo ! 41
se brosser les dents 33
bruit 24
bureau 66
bureau de change 86
bureau de poste 86

C

ça 134
Ça fait ... 78
café 69, 91
caisse 77
calme 59
campagne 96
Ça ne fait rien ! 26
carnaval 68
carte de visite 39
carte d'identité 16
carte postale 48
Ça suffit ! 43
Ça va. 44
Ça va ? 44
ce 134
ce, cet, cette 134
cela 134
Ce n'est pas de ma faute. 45
centime 78
centimètre 127
centre 96
centre-ville 79
Ce sera long ? 45
c'est ... qui 141
chaîne 47
chaise 57
chaleur 101

chambre 56, 72
champignon 100
chance 26
changer 84, 86
chapeau 19
charcuterie 76
chat 98
château 79
chaud 60
chauffage 57
chaussette 19
chaussure 19
chemise 19
chêne 100
cher 48, 78
chercher 51
cheval 98
cheveux 31
chez 115
chien 98
chocolat 91
chose 58
choucroute 88
cigarette 58
cinéma 69
circuit touristique 72
ciseaux 58
classe 63, 84
clé 59
cochon 98
code postal 48
coiffeur 67
coiffeuse 67
collègue 23
combien 78
combien de 125
comme 139
Comme c'est beau ! 26

commencer 51
comment 133
Comment ? 38
Comment dit-on ...? 38
complet 72
comprendre 37
comprimé 34
compris 125
confiture 88
consulat 86
contre 138
contrôleur 84
copain 22
copine 22
coq 98
correspondance 84
couleur 61
couloir 56
cours 63
court 60
couteau 95
coûter 78
couvert 95
couverture 59
croire 26
croissant 88
cuillère 95
cuisine 56

D

D'accord ! 41
dans 111, 115
date 109
de 139
décembre 105
degré 101
déjà 113
déjeuner 93
de la 135

demain 112
demander 81
demi-heure 108
dent 31
dentiste 34
départ 73
depuis 111
déranger 46
De rien ! 39
derrière 116
des 136
descendre 84
dessert 94
de temps en temps 114
devant 116
devoir 137
d'habitude 52
difficile 66
dimanche 106
dîner 94
dire 26
direct 84
direction 116
docteur 35
Dommage ! 45
données 50
donner 51
dormir 51
dos 31
douche 73
droit 116
droite 116
du 135
du ... au 111

E

eau 92
eau minérale 92
école 63

Register Französisch – Deutsch 153

écouter 24
écrire 52
égal 25
église 79
élève 64
elle 128
elles 128
en ligne 50
en 116
en bas 116
encore 113
en face de 117
enfant 15
enfin 113
en haut 117
entendre 24
entre 117
entrée 54
entrer 46
Entrez ! 43
épicerie 76
erreur 64
escalier 55
Espagne 28
espagnol 28, 65
Espagnol 28
Espagnole 28
essence 81
est 119
est-ce que 142
et 139
étage 55
et demi 126
et demie 108
été 103
être 52, 137
être à 52
être à l'heure 109
être désolé 39
être en bonne
santé 34
être pressé 54
euro 78
examen 64
excursion 69
Excusez-moi ! 39
expliquer 37

F
facile 66
faim 24
faire 52, 71
faire beau 102
faire bon 102
faire chaud 102
faire dans la vie 66
faire froid 102
faire la cuisine 52
faire le plein 81
faire zéro 102
famille 21
fatigué 24
faute 64
fauteuil 57
femme 15, 21
fenêtre 57
fermer 52, 75
fête 68
fêter 68
feu 46, 81
feuille 100
février 104
fièvre 35
fille 15, 21
film 70
fils 21
finir 52
fleur 100
football 71
forêt 96
fort 17, 60
fourchette 95
français 29, 65
Français(e) 29
France 28
frère 21
frites 88
froid 60
fromage 89
fruits 89
fumer 33

G
garage 55
garçon 15, 94
gare 85
gâteau 89
gauche 117
genou 31
gens 81
gentil 46
glace 89
gramme 127
grand 17
grand-mère 21
grand-père 21
grands-parents 21
grec 29, 65
Grec 29
Grèce 29
Grecque 29
gris 62
gros 17
guichet 86
guide touris-
 tique 73

H
habiter 52
haut 60

heure 108, 110
hier 112
hiver 103
homme 15
hôpital 35
hôtel 73
hôtel de ville 79

I
ici 117
idée 25
il 128
Il est ... 108
Il est tard. 46
il faut 142
ils 128
il y a 141
important 26
information 86
intéressant 70
Internet 49
Italie 29
italien 29, 65
Italien(ne) 29

J
jambe 32
janvier 103
jardin 55
jaune 62
je 128
jeudi 106
jeune 17
Je veux bien ! 42
je voudrais ... 137
joli 17
jour 110
journal 47
journaliste 67
journée 110

juillet 104
juin 104
jupe 19
jus 92
jusqu'à 112, 117

K
kilo 127
kilomètre 127

L
la 128, 136
là 117
là-bas 118
laisser 46
lait 92
lapin 98
la plus 141
se laver 33, 53
le 129, 136
le dimanche 106
léger 60
légume 89
le jeudi 106
le lundi 105
le mardi 105
le mercredi 105
lentement 81
le plus 141
les 129, 136
le samedi 106
lettre 48
leur 129, 131
leurs 131
le vendredi 106
librairie 77
lion 99
lire 70
lit 57
litre 127

livre 59, 127
loin 118
long 60
longtemps 113
loup 99
lourd 60
lui 129
lundi 105
lunettes 20

M
ma 131
madame 40
mademoiselle 40
magasin 75
magazine 47
mai 104
maigre 18
mail 50
main 32
maintenant 113
mairie 80
mais 139
maison 55
mal 26
malade 35
maladie 35
manger 93
manteau 19
marchand 75
marchande 75
marché 75
mardi 105
mari 22
marron 62
mars 104
matin 107
mauvais 101
me 129, 134
médecin 67

médicament 36
menu 94
mer 96
merci 38
merci bien 38
mercredi 105
mère 22
mes 131
message 39
mètre 127
métro 85
mettre 53
mettre la table 93
meuble 58
midi 107, 108
milieu 118
millimètre 127
mince 18
minuit 107
minute 110
moche 18
moderne 60
moi 129
moi aussi 41
moins 109
mois 110
moitié 126
moment 110
mon 131
monde 96
monnaie 78
monsieur 40
montagne 96
monter 70
montre 20
montrer 53
mouche 99
musée 80
musique 70

N
nature 97
neige 101
neiger 101
ne ... jamais 113
ne ... pas 140
ne ... pas de 140
ne ... pas encore 113
ne ... personne 135
ne ... plus 140
ne ... plus de 140
ne ... rien 126
neuf 61
nez 32
Noël 68
noir 62
nom 16
non 42
Non ? 38
nord 119
nos 131
notre 131
nous 129, 134
nouveau 61
novembre 105
nuit 107
numérique 50
numéro 49

O
octobre 104
œuf 89
office de tourisme 86
on 130
On y va ? 42, 45
orange 89
ordinateur 50
oreille 32

ou 139
où 118
ouest 120
oui 42
ours 99
ouvrir 53, 75

P
pain 89
pantalon 19
Pâques 68
paquet 59
parapluie 20
parc 80
Pardon ! 39
parents 22
parler 37, 39
partir 85
partout 118
pas cher 78
Pas de chance ! 27
pas du tout 140
pas mal 45
Pas question ! 42
passeport 73
passer 93
passer chez 53
passer par 85
passer prendre 53
pâtisserie 77
patron 66
patronne 66
payer 78
pays 97
peau 32
pension 73
Pentecôte 68
père 22
personne 15
petit 18

Register Französisch – Deutsch

petit déjeuner 93
petits-enfants 22
pharmacie 77
photo 70
pièce 55, 79
pied 32
piscine 71
place 80, 97
plage 97
plaire 26
plan 73
plante 100
pleuvoir 101
pluie 101
plus 141
plus de ... que 126
plusieurs 126
poire 89
poisson 90
poivre 90
police 87
policier 67
policière 67
pomme 90
pomme de terre 90
pont 80
port 80
portable 49
porte 57
portefeuille 20
porte-monnaie 20
porter 74
possible 42
poste 87
poule 99
poulet 90
pour 139
Pour aller ... ? 81
pourboire 94
pourquoi 141

pouvoir 137
prendre 82, 85
prendre son bain 33
prendre une douche 33
prénom 16
préparer 53
près de 118
présenter 40
printemps 103
prix 79
professeur 64
programme 50
promenade 70
propre 61
publicité 47
pullover 19

Q

quand 113, 139
quart 109
quart d'heure 109
quartier 97
que 140
quel 133
quelque chose 135
quelquefois 113
quelques 126
quelqu'un 135
qu'est-ce que 133
question 46
qui 133
quinze jours 110
quoi 133

R

radio 47
se raser 33
regarder 54

regarder la télé 47
région 97
rendez-vous 54, 70
renseignement 87
rentrer 54
repas 93
répéter 37
répondeur 49
répondre 37
réserver 85
ressembler 18
restaurant 94
rester 46
retard 85
retraite 66
réveillon 68
revue 47
rez-de-chaussée 55
rhume 36
robe 20
roman 70
roman policier 71
rose 100
rouge 62
route 82
rue 82

S

sa 132
sac 59
sac à main 20
Saint-Sylvestre 69
saison 103
salade 90
sale 33
salle à manger 56
salle de bains 56
salon 56
Salut ! 40
samedi 106

sandwich 90
sang 36
sans 139
santé 34
sapin 100
s'appeler 16
s'arrêter 83
s'asseoir 46
savoir 45
savon 33
se 134
seconde 110
sel 90
semaine 111
sentir 24, 25
septembre 104
service 94
ses 132
seulement 141
si 141
silence 43
s'il te plaît 38
s'il vous plaît 38
ski 71
sœur 22
soif 25
soir 107
soleil 101
son 131
sortie 55, 82
soupe 91
souris 50, 99
sous 118
souvent 114
sport 72
stop 82
stylo 59
sucre 91
sud 120
Suède 29

suédois 30, 65
Suédois(e) 30
suisse 30
Suisse 30
supermarché 77
sur 118
sûr 26
surprise 27
syndicat d'initiative 74

T
ta 132
table 58
tasse 95
taxi 82
te 130, 135
télécharger 50
téléphone 49
téléphoner 49
télévision 48
temps 102, 111
tennis 72
terrasse 55
tes 132
tête 32
texto 49
thé 92
théâtre 80
thon 91
ticket 85
tigre 99
timbre 48
toi 130
toilettes 56
tomate 91
ton 132
toujours 114
tour 80
tourner 82

tous 135
tout 135
tout de suite 114
tout droit 119
train 85
travail 66
travailler 67
très 126
trop 126
tu 130
turc 65

U
un 136
une 136
Une minute ! 43
université 64
un peu 126

V
vacances 74
vache 99
valise 74
vendre 76
vendredi 106
vent 102
ventre 32
verre 95
vers 112, 119
vert 62
veste 20
viande 91
vide 61
vieux 18, 61
village 97
ville 97
vin 92
visage 32
visiter 74
vite 43

vitrine 76
voici 119
voilà 119
voir 25
voisin(e) 23
voiture 82

vos 132
votre 133
vouloir 137
vouloir dire 37
vous 130, 135
voyage 74

W

week-end 111
wifi 50

Langenscheidt

„Sprachen verbinden."

- Ideal für Reisende
- Bis zu 36.000 Stichwörte und Wendungen
- Aktueller Wortschatz
- Aussprache- und Grammatikhilfen
- Extras: Reisedolmetsche Speisekarte, Reisetipps

FÜR 30 SPRACHEN

Langenscheidt Universal-Wörterbuch
Englisch

Englisch – Deutsch
Deutsch – Englisch

www.langenscheidt.de